全国"七五"普法统编教材
QUANGUO QIWU PUFA TONGBIAN JIAOCAI

以案释法版

农民工
学法用法读本

中国社会科学院法学研究所法治宣传教育与公法研究中心◎组织编写

总顾问：张苏军
总主编：李　林　本册主编：彭世发　胡俊平

中国出版集团
中国民主法制出版社
全国百佳图书出版单位

图书在版编目（CIP）数据

农民工学法用法读本 ： 以案释法版 / 中国社会科学院法学研究所法治宣传教育与公法研究中心组织编写. --北京 ： 中国民主法制出版社，2016.6

全国“七五”普法统编教材

ISBN 978-7-5162-1199-1

Ⅰ. ①农… Ⅱ. ①中… Ⅲ. ①法律－中国－普及读物 Ⅳ. ①D920.5

中国版本图书馆CIP数据核字(2016)第121814号

责任编辑 / 张雪莲
装帧设计 / 郑文娟　陈明永

书　　名 / 农民工学法用法读本（以案释法版）
作　　者 / 彭世发　胡俊平

出版·发行 / 中国民主法制出版社
社　　址 / 北京市丰台区右安门外玉林里7号（100069）
电　　话 / 010-62155988
传　　真 / 010-62151293
经　　销 / 新华书店
开　　本 / 16开　710mm×1000mm
印　　张 / 9.25
字　　数 / 163千字
版　　本 / 2016年6月第1版　　2016年6月第1次印刷
印　　刷 / 北京精乐翔印刷有限公司

书　　号 / ISBN 978-7-5162-1199-1
定　　价 / 24.00元

丛书编委会名单

总　序

搞好法治宣传教育
营造良好法治氛围

全面推进依法治国，是坚持和发展中国特色社会主义，努力建设法治中国的必然要求和重要保障，事关党执政兴国、人民幸福安康、国家长治久安。

我们党长期重视依法治国，特别是党的十八大以来，以习近平同志为总书记的党中央对全面依法治国作出了重要部署，对法治宣传教育提出了新的更高要求，明确了法治宣传教育的基本定位、重大任务和重要措施。十八届三中全会要求“健全社会普法教育机制”；十八届四中全会要求“坚持把全民普法和守法作为依法治国的长期基础性工作，深入开展法治宣传教育”；十八届五中全会要求“弘扬社会主义法治精神，增强全社会特别是公职人员尊法学法守法用法观念，在全社会形成良好法治氛围和法治习惯”。习近平总书记多次强调，领导干部要做尊法学法守法用法的模范。法治宣传教育要创新形式、注重实效，为我们做好工作提供了基本遵循。

当前，我国正处于全面建成小康社会的决定性阶段，依法治国在党和国家工作全局中的地位更加突出，严格执法、公正司法的要求越来越高，维护社会公平正义的责任越来越大。按照全面依法治国新要求，深入开展法治宣传教育，充分发挥法治宣传教育在全面依法治国中的基础作用，推动全社会树立法治意识，为“十三五”时期经济社会发展营造良好法治环境，为实现“两个一百年”奋斗目标和中华民族伟大复兴的中国梦作出新贡献，责任重大、意义重大。

为深入贯彻党的十八大和十八届三中、四中、五中全会精神，贯彻落实习近平总书记系列重要讲话精神特别是依法治国重要思想，深入扎实地做好“七五”普法工作，中国社会科学院法学研究所联合中国民主法制出版社，经过反复研究、精心准备，特组织国内从事法律教学、研究和实务的专家学者，在新一轮的五年普法规划实施期间，郑重推出“全面推进依法治国精品书库（六大系列）”，即《全国“七五”普法统编教材（以案释法版，25册）》《青少年法治教育系列教材（法治实践版，30册）》《新时期法治宣传教育工作系列丛书（30册）》《“谁执法谁普法”系列丛书（以案释法版，70册）》《“七五”普法书架——以案释法系列丛书（60册）》和《“谁执法谁普法”

系列宣传册（漫画故事版，70册）》。六套丛书均注重采取宣讲要点、以案释法、图文并茂、通俗易懂的形式，紧紧围绕普法宣传的重点、法律规定的要点、群众关注的焦点、社会关注的热点、司法实践的难点，结合普法学习、法律运用和司法实践进行了全面阐释。丛书涵盖了中国特色社会主义法律体系的方方面面，系统收录了各类法律法规和规章，筛选了涉及经济、政治、文化、社会和生态文明建设的各类典型案例，清晰展现了法律教学研究和司法工作的生动实践，同时兼顾了领导干部、青少年学生、工人和农民等不同普法对象的学习需求，具有很强的实用性和操作性，对于普法学习、法学研究和司法实务均具有较好的参考价值。

丛书的出版，有助于广大公民深入学习中央关于全面推进依法治国的战略布局，系统掌握宪法和法律规定，学会运用多样的权利救济途径表达诉求、维护合法权益；有助于广大行政执法人员和法律工作者进一步优化知识结构，丰富相关法律知识储备，强化能力素质和提高工作水平；有助于广大司法实务工作者准确把握法律应用方面的最新进展，解决实际工作中存在的司法疑难问题。

诚然，中国特色社会主义的建设日新月异，依法治国的实践也在不断丰富和发展。丛书出版后，还需要结合普法实践新进展，立法工作新动态和执法司法新需求，及时进行修订完善和内容更新，以确保读者及时、准确掌握中央全面推进依法治国的新要求、立法执法的新进展，使丛书的社会应用价值不断提升。

全面建成小康社会、实现中华民族伟大复兴的中国梦，必须全面推进依法治国；落实依法治国基本方略，必须不断提高全社会的法律应用水平。衷心希望这六套丛书的出版，能够在普法学习宣传、法学理论研究和教学、法律工作实务方面起到应有作用，切实有助于广大公务人员能够更好地运用法治思维和法治方式推动工作，带头在宪法法律范围内活动；有助于执法司法工作人员始终坚持严格执法、公正司法，不断提升执法司法能力；有助于广大干部群众坚持依法治理，加强法治保障，运用法治思维和法治方式化解社会矛盾，更好地营造学法、尊法、守法、用法的良好氛围。

本书编委会

2016年5月

目　　录

一、全面推进依法治国的重大战略布局

1. 什么是依法治国？

依法治国是广大人民群众在党的领导下，依照宪法和法律规定，通过法定形式管理国家事务、管理经济文化事业、管理社会事务，保证国家各项工作都依法进行，逐步实现民主制度化、法律化，建设社会主义法治国家。

2. 依法治国的基本方略是怎样提出来的？

全面推进依法治国的提出，是对我们党严格执法执纪优良传统作风的传承，是对党的十五大报告提出的“依法治国，建设社会主义法治国家”的深化。历史地看，我们党依法治国基本方略的形成和发展，经历了一个长期的探索发展过程。

早在革命战争年代，我党领导下的革命根据地红色政权就陆续制定和颁布过《中华苏维埃共和国宪法大纲》《中国土地法大纲》《陕甘宁边区施政纲领》等一系列法律制度规定，为新生红色政权的依法产生和依法办事，为调动一切抗日力量抵御外来侵略者，为解放全中国提供了宪法性依据和法律遵循。遵守法纪、依法办事成为这一时期党政工作的一大特色。尽管从总体上看，为适应战时需要，当时主要实行的还是政策为主、法律为辅，但在战争年代，尤其是军事力量对比实力悬殊的情况下，我们党依然能够在革命根据地和解放区坚持探索和实践法制建设，充分显示了一个无产阶级政党领导人民翻身解放、当家作主的博大胸怀。

1949年中华人民共和国的建立，开启了中国法治建设的新纪元。从1949年到20世纪50年代中期，是中国社会主义法制的初创时期。这一时期中国制定了具有临时宪法性质的《中国人民政治协商会议共同纲领》和其他一系列法律、法令，对巩固新生的共和国政权，维护社会秩序和恢复国民经济，起到了重要作用。1954年第一届全国人民代表大会第一次会议制定的《中华人民共和国宪法》，以及随后制定的有关法律，规定了国家的政治制度、经济制度和公民的权利与自由，规范了国家机关的组织和职权，确立了国家法制的基本原则，初步奠定了中国法治建设的基础。20世纪50年代后期以后，特别是"文化大革命"十年（1966年－1976年）动乱，中国社会主义法制遭到严重破坏。

20世纪70年代末，中国共产党总结历史经验，特别是汲取"文化大革命"的惨痛教训，作出把国家工作中心转移到社会主义现代化建设上来的重大决策，实行改革开放政策，并明确了一定要靠法制治理国家的原则。为了保障人民民主，必须加强社会主义法制，使民主制度化、法律化，使这种制度和法律具有稳定性、连续性和权威性，使之不因领导人的改变而改变，不因领导人的看法和注意力的改变而改变，做到有法可依，有法必依，执法必严，违法必究，成为改革开放新时期法治建设的基本理念。在发展社会主义民主、健全社会主义法制的基本方针指引下，现行宪法以及刑法、刑事诉讼法、民事诉讼法、民法通则、行政诉讼法等一批基本法律出台，中国的法治建设进入了全新发展阶段。

20世纪90年代，中国开始全面推进社会主义市场经济建设，由此进一步奠定了法治建设的经济基础，也对法治建设提出了更高的要求。1997年召开的中国共产党第十五次全国代表大会，将"依法治国"确立为治国基本方略，将"建设社会主义法治国家"确定为社会主义现代化的重要目标，并提出了建设中国特色社会主义法律体系的重大任务。1999年，将"中华人民共和国实行依法治国，建设社会主义法治国家"载入宪法。中国的法治建设揭开了新篇章。

进入21世纪，中国的法治建设继续向前推进。2002年召开的中国共产党第十六次全国代表大会，将社会主义民主更加完善，社会主义法制更加完备，依法治国基本方略得到全面落实，作为全面建设小康社会的重要目标。2004年，将"国家尊重和保障人权"载入宪法。2007年召开的中国共产党第十七次全国代表大会，明确提出全面落实依法治国基本方略，加快建设社会主义法治国家，并对加强社会主义法治建设作出了全面部署。

2012年，党的十八大召开以来，党中央高度重视依法治国。2014年，党的十八届四中全会专门作出《中共中央关于全面推进依法治国若干重大问题的决定》，描绘了全面推进依法治国的总蓝图、路线图、施工图，标志着依法治国按下了"快进键"、进入了"快车道"，对我国社会主义法

治建设具有里程碑意义。在新的历史起点上，我们党更加重视全面依法治国和社会主义法治建设，强调落实依法治国基本方略，加快建设社会主义法治国家，必须全面推进科学立法、严格执法、公正司法、全民守法进程，强调坚持党的领导，更加注重改进党的领导方式和执政方式；依法治国，首先是依宪治国；依法执政，关键是依宪执政；新形势下，我们党要履行好执政兴国的重大职责，必须依据党章从严治党、依据宪法治国理政；党领导人民制定宪法和法律，党领导人民执行宪法和法律，党自身必须在宪法和法律范围内活动，真正做到党领导立法、保证执法、带头守法。

现在，全面建成小康社会进入决定性阶段，改革进入攻坚期和深水区。我们党面对的改革发展稳定任务之重前所未有、矛盾风险挑战之多前所未有，依法治国在党和国家工作全局中的地位更加突出、作用更加重大。全面推进依法治国是关系我们党执政兴国、关系人民幸福安康、关系党和国家长治久安的重大战略问题，是完善和发展中国特色社会主义制度、推进国家治理体系和治理能力现代化的重要方面。我们要实现党的十八大和十八届三中、四中、五中全会作出的一系列战略部署，全面建成小康社会、实现中华民族伟大复兴的中国梦，全面深化改革、完善和发展中国特色社会主义制度，就必须在全面推进依法治国上作出总体部署、采取切实措施、迈出坚实步伐。

以案释法 01

严肃法纪、引以为戒

【案情介绍】1937年10月5日傍晚，延河边刮着寒风，河滩上扬着尘土，红军抗日军政大学第三期6队队长黄克功与第二期15队学员刘茜沿河滩漫步。两人因情感纠葛再次发生争执。黄克功为了挽回这段恋情，情急之下拔出手枪。本想吓阻刘茜改变主意、回心转意，可他得到的回应是冷峻的眸子、厉声的斥责和响亮的耳光。呯！呯！黄克功手里的勃朗宁手枪响了……

“黄克功事件”在边区内外引起了巨大的反响。一时间，人们议论纷纷，有的探询事件细节，有的揣测如何处理。有人主张，黄克功刚刚经过二万五千里长征，是红军的重要干部，民族解放战争正需要这样的人去冲锋陷阵，应当给他戴罪立功的机会。

在黄克功提出戴罪立功请求，干部群众提出依法偿命和从轻发落不同意见的情况下，作为时任陕甘宁边区高等法院代院长、本案审判长的雷经天，在坚持依法审理的同时，又及时向毛泽东主席报告了案情和惩处意见。

鉴于本案案情重大，具有典型的法制教育意义，边区政府及高等法院根据党中央的指示，于10月11日在被害人所在单位——陕北公学大操场，召开了数千人的大会，进行公开审判。公审大会上，雷经天接到并当着黄克功本人的面，当场宣读了毛主席的回信。

雷经天同志：

你及黄克功的信均收阅。

黄克功过去的斗争历史是光荣的，今天处以极刑，我及党中央的同志都是为之惋惜的。但他犯了不容赦免的大罪，一个共产党员、红军干部而有如此卑鄙的，残忍的，失掉党的立场的，失掉革命立场的，失掉人的立场的行为，如赦免他，便无以教育党，无以教育红军，无以教育革命，根据党与红军的纪律，处他以极刑。正因为黄克功不同于一个普通人，正因为他是一个多年的共产党员，正因为他是一个多年的红军，所以不能不这样办。共产党与红军，对于自己的党员与红军成员不能不执行比一般平民更加严格的纪律。当此国家危急革命紧张之时，黄克功卑鄙无耻残忍自私至如此程度，他之处死，是他自己的行为决定的。一切共产党员，一切红军指战员，一切革命分子，都要以黄克功为前车之鉴。请你在公审会上，当着黄克功及到会群众，除宣布法庭判决外，并宣布我这封信。对刘茜同志之家属，应给以安慰与体恤。

毛泽东

1937年10月10日

随着雷经天宣读的声音停止，大家再将目光转向黄克功时，如梦初醒的他，高高地扬起头，连呼“中华民族解放万岁！”“打倒日本帝国主义！”“中国共产党万岁！”口号三遍，呼罢，跟着行刑队走出会场……

【以案释法】法治是治国理政的重要途径，是社会秩序的根本保障，是文明进步的显著标志。黄克功一案的处理从一个侧面反映，我们党历来有着严肃法纪、强调依法办事的优良传统。红色根据地时期，我们党立即在夺取政权后的边区治理中注重立法、完备法制，并严格依法办事，为新中国成立后的法治建设奠定了基础。

时任抗大副校长的罗瑞卿强调：“黄克功敢于随便开枪杀人，原因之一就是自恃有功，没有把法律放在眼里，如果我们不惩办他，不是也没有把法律放在眼里吗？任何人都要服从法律，什么功劳、地位、才干都不能阻挡依法制裁。”黄克功案判决书中也载明：“刘茜今年才16岁，根据特区的婚姻法律，未达到结婚年龄。黄克功是革命干部，要求与未达婚龄的幼女刘茜结婚，已属违法，更因逼婚未遂，以致实行枪杀泄愤，这完全是兽行不如的行为，罪无可逭。”著名民主人士李公朴先生评价此案：“它为将来的新中国成立了一个好的法律榜样。”

3. 为什么说全面推进依法治国开启了法治中国建设新的历程？

法治是治国理政的重要手段，是政治文明的重要标杆，我们党长期重视法治建设。早在新民主主义革命时期，我们党就在局部执政的革命根据地，颁布宪法法律，探索和实践依法行政。1949年新中国成立，我们党由革命党成功转型为执政党后，宪法和一大批法律法规相继出台，法治建设步入快车道。但由于对社会主义条件下如何搞法治建设的成功经验不足、思想准备不够、社会基础不牢，以至于“左倾”冒进、急功近利思想逐步占据上风，由反右斗争扩大化逐渐酝酿成灾难性的“文化大革命”。在此期间，各级人民代表大会长期休会，各级人民政府被革命委员会取代，公检法被砸烂，法治被废弛。“文化大革命”的深刻教训再次表明，法治昌明，则国泰民安；法治松弛，则国乱民怨。

1978年党的十一届三中全会郑重提出，为了保障人民民主，必须加强社会主义法制，使民主制度化、法律化，使这种制度和法律具有稳定性、连续性和极大的权威，做到有法可依，有法必依，执法必严，违法必究。1984年10月，党的十二届三中全会明确提出，社会主义经济是在公有制基础上的有计划的商品经济；1992年10月，党的十四大进一步提出了建立社会主义市场经济体制的改革目标，为推进法治建设注入了市场经济的内在动力。1997年9月，党的十五大把依法治国确立为基本治国方略。2002年11月，党的十六大明确提出发展中国特色社会主义民主政治，必须坚持党的领导、人民当家作主、依法治国有机统一。2007年10月，党的十七大提出要全面落实依法治国基本方略，加快建设社会主义法治国家。2012年11月，党的十八大明确提出要全面推进依法治国。2013年11月，党的十八届三中全会明确提出，建设法治中国，必须坚持依法治国、依法执政、依法行政共同推进，坚持法治国家、法治政府、法治社会一体建设。

上述情况表明，在我国，法治建设经历了一个从局部实践到全面实施，从徘徊挫折到坚定不移，从专项部署到整体规划的逐步发展和升华过程。当前，我们党所处的执政方位和执政环境发生了深刻变化，面临着复杂严峻的执政考验、改革开放考验、市场经济考验、外部环境考验，存在着精神懈怠的危险、能力不足的危险、脱离群众的危险、消极腐败的危险。严峻的现实表明，我们党要提高执政能力、巩固执政地位，实现长期执政，就必须更加自觉地运用法治思维和法治方式加强党的执政能力建设，推进党执政的制度化、规范化、程序化，提高依法治国、依法执政水平，巩固党执政的法治基础。正是在这样的关键时刻，2014年11月，党的十八届四中全会就全面推进依法治国的重要性和必要性、全面推进依法治国的指导思想、总体目标、基本原则，以及立法、行政、司法、守法、队伍建设、党的领导等各方面的工作，作了全面部署，开启了法治中国建设新的历程。

4. 为什么说全面推进依法治国为全面深化改革提供了良好的法治平台？

为了确保到2020年实现全面建成小康社会的宏伟目标，党的十八届三中全会作出了全面深化改革的战略部署。当前，我国正处于全面建成小康社会的决定性阶段，改革进入攻坚期和深水区，国际形势复杂多变，国内经济社会发展面临着增长速度换挡期、结构调整阵痛期、前期刺激政策消化期的三期叠加态势。党和国家所面对的改革发展稳定任务之重前所未有、矛盾风险挑战之多前所未有，依法治国在党和国家工作全局中的地位更加突出。此外，经过多年的深化改革，剩下的改革任务都触及最深层次利益关系调整，医疗、教育、住房、食品安全、环境保护等，每个领域的改革都互相牵扯、互相交织，涉及错综复杂的利益再调整。唯有通过全面推进依法治国，发挥法治的引领和保障作用，为全面深化改革提供良好的法治平台，推进国家治理体系和治理能力现代化，才能更好地整合社会利益、化解社会矛盾、凝聚社会力量，使各项改革发展有序推进，各项改革成果惠及全体人民。

5. 为什么说全面推进依法治国为实现中国梦提供了有力的法治保障？

法治作为治国理政的基本方式，作为国家治理体系的重要依托，在党和国家事业发展上，发挥着带有根本性、全局性、稳定性的制度保障作用。推进全面依法治国，不仅有助于极大地巩固党的执政地位，而且可以通过妥善的制度安排和有效的制度执行，确保党的路线方针政策的延续性，进而确保全党、全国上下始终不渝地为实现中华民族伟大复兴的中国梦而努力奋斗。

中国梦的基本内涵是实现国家富强、民族振兴、人民幸福。奋斗目标是，到2020年国内生产总值和城乡居民人均收入在2010年的基础上翻一番，全面建成小康社会；到本世纪中叶建成富强民主文明和谐的社会主义现代化国家。实现中华民族伟大复兴的中国梦，是一项既崇高伟大、又艰巨繁重的历史重任，对国家治理体系和治理能力提出了新的更高的要求。我们党要提高执政能力、巩固执政地位，实现长期执政，就必须更加自觉地运用法治思维和法治方式，加强党的执政能力建设，大力推进党执政的制度化、规范化、程序化，不断巩固党执政的法治基础。

全面推进依法治国，从制度体系上把法治同整个国家的发展、把党领导人民的奋斗目标、人民的幸福生活、社会的和谐稳定等一系列重大问题紧密结合起来，从而为实现中华民族复兴的中国梦提供了有力的法治保障和内生动力。

6. 为什么说全面推进依法治国是反腐治权的治本之举？

全面推进依法治国，形成完备的法律规范体系、高效的法治实施体系、严密的法治监督体系、有力的法治保障体系，完善的党内法规体系，坚持依法治国、依法执政、依法行政共同推进，法治国家、法治政府、法治社会一体建设，实现科学立法、严格执法、公正司法、全民守法。这对完善权力制约和监督机制，把权力放进法律制度的笼子里，充分运用法治思维和法治方式推进反腐治权，切实从体制、机制和法治上遏制并解决权力腐败问题具有重大意义，是反腐治权的治本之举。

实践表明，尽管公权力腐败表现形式五花八门，公权力腐败原因不尽相同，但归根结底都属于权力寻租。各类主体的腐败，基本上都是政府官员和公职人员，同属掌握和行使公权力者。全面推进依法治国，形成严密的法治监督体系，就是要依法分权治权，从严治官治吏。全面推进依法治国，有助于从制度设计上扎紧反腐防腐的篱笆，使腐败行径受制于将然之时、受惩于已然之际。形成严密的不敢腐、不能腐、不想腐的法治氛围。

以案释法 02

治国就是治吏

【案情介绍】1952年2月10日，在河北省保定东关校场，两声清脆的枪声，结束了原天津地委书记刘青山、专员张子善的生命。这两个党的高级干部，因贪污腐化而被判处死刑，这在新中国成立之初尚属首次，也是我党建国之后反腐败的第一大案。

刘青山，曾任中共天津地委书记，被捕前任中共石家庄市委副书记。张子善，曾任中共天津地委副书记、天津专区专员，被捕前任中共天津地委书记。经查，在短短的两年内，刘青山、张子善二人先后盗窃国家救济粮、治河专款、干部家属救济粮、克扣民工粮、机场建筑款及骗取国家银行贷款等，总计达171.6272亿元（旧币1万元约折合今人民币1元）。

最后，河北省人民法院在公判大会上宣布，奉中央人民政府最高人民法院令，判处大贪污犯刘青山、张子善死刑，立即执行，并没收其本人全部财产。同案其他各犯另行审判。

【以案释法】刘青山、张子善贪污案，被称为新中国开国第一大案。刘青山和张子善作为战争年代的革命功臣，建国后因居功自傲、贪污腐化堕落成犯罪分子。

我们党向党内腐败行为开的第一刀，杀的就是身居高位的刘、张两人。相比今天的巨贪来说，刘青山、张子善的贪污案的案值可能并不算大，那么为什么一定要对他们处以极刑？这在当时是经过审慎权衡的。刘青山、张子善贪污案披露后，在河北省各级干部中引起极大的震动。一些干部特别是当年曾和刘青山、张子善一起出生入死闹革命的干部，感到惋惜，有不少的议论。有的说：“他们是有功之臣，不能杀呀！”有的认为：“可以判个重刑，让他们劳动改造，重新做人。”有的呼吁：“希望中央能刀下留情！”有的感叹：“三十多岁正是好年华，说杀就杀了，实在可惜，应该给他们一个立功赎罪的机会。”

由于刘青山、张子善的地位和影响，以及广大干部在认识上的不尽一致，因而对刘、张的量刑十分审慎。在广泛听取各种不同意见的基础上，毛泽东同志明确表示：是要他们俩，还是要新中国？正因为他们两人的地位高，功劳大，影响大，所以才要下决心处决他们。只有处决他们，才可能挽救20个、200个、2000个、2万个犯有各种不同程度错误的干部。我建议重读一下《资治通鉴》。治国就是治吏！我说过的，杀人不是割韭菜，要慎之又慎。但是事出无奈，不得已啊！问题若是成了堆，就要积重难返了啊！

显然，建国之初，我们党从革命党成功转型为执政党，新生的红色政权刚刚建立，战后的中国正值百废待兴之际，端正党风、严肃法纪、惩治贪腐事关民心所向、社稷安危，一旦腐败蔓延开来就会危及党的生死存亡。

7. 为什么说全面推进依法治国必须坚持党的领导？

党的领导是中国特色社会主义最本质的特征，是社会主义法治最根本的保证。把党的领导贯彻到依法治国全过程和各方面，是我国社会主义法治建设的一条基本经验。我国宪法确立了中国共产党的领导地位。坚持党的领导，是社会主义法治的根本要求，是党和国家的根本所在、命脉所在，是全国各族人民的利益所系、幸福所系。党的领导和社会主义法治是一致的，社会主义法治必须坚持党的领导，党的领导必须依靠社会主义法治。只有在党的领导下依法治国、厉行法治，人民当家作主才能充分实现，国家和社会生活法治化才能有序推进。依法执政，既要求党依宪依法治国理政，也要求党依据党内法规管党治党。实践证明，只有把依法治国基本方略的贯彻实施同依法执政的基本方式统一起来，把党领导立法、保证执法、支持司法、带头守法统一起来，把党总揽全局、协调各方同人大、政府、政协、审判机关、检察机关依法依章程履行职能，开展工作统一起来，把党领导人民制定和实施宪法法律同党坚持在宪法法律范围内活动统一起来，才能确保法治中国的建设有序推进、深入开展。

8. 怎样理解全面推进依法治国必须坚持人民主体原则？

在我国，人民是依法治国的主体和力量源泉，法治建设以保障人民根本权益为出发点和落脚点。法治建设的宗旨是为了人民、依靠人民、保护人民、造福人民。因此，全面推进依法治国，必须要保证人民依法享有广泛的权利和自由、承担应尽的义务，维护社会公平正义，促进共同富裕。

全面推进依法治国，就是为了更好地实现人民在党的领导下，依照法律规定，通过各种途径和形式管理国家事务，管理经济文化事业，管理社会事务。法律既是保障公民权利的有力武器，也是全体公民必须一体遵循的行为规范，因此全面推行依法治国，必须要坚持人民主体原则，切实增强全社会学法尊法守法用法意识，使法律为人民所掌握、所遵守、所运用。

9. 怎样理解全面推进依法治国必须贯彻法律面前人人平等的原则？

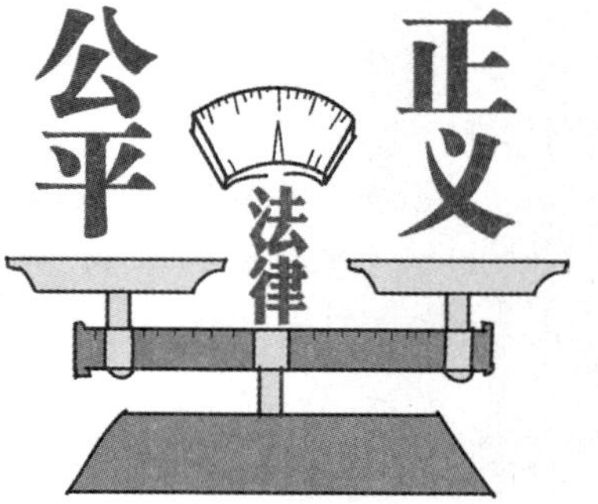

平等是社会主义法律的基本属性。法律面前人人平等，要求任何组织和个人都必须尊重宪法法律权威，都必须在宪法法律范围内活动，都必须依照宪法法律行使权力或权利、履行职责或义务，都不得有超越宪法法律的特权。全面推行依法治国，必须维护国家法制统一、尊严和权威，切实保证宪法法律有效实施，任何人都不得以任何借口任何形式以言代法、以权压法、徇私枉法。必须规范和约束公权力，加大监督力度，做到有权必有责、用权受监督、违法必追究。坚决纠正有法不依、执法不严、违法不究行为。

10. 为什么要强调依法治国和以德治国相结合？

法律和道德同为社会行为规范，在支撑社会交往、维护社会稳定、促进社会发展方面，发挥着各自不同的且不可替代的交互作用，国家和社会治理离不开法律和道德的共同发挥作用。全面推进依法治国，必须要既重视发挥法律的规范作用，又重视发挥道德的教化作用，要坚持一手抓法治、一手抓德治，大力弘扬社会主义核心价值观，弘扬中华传统美德，培育社会公德、职业道德、家庭美德、个人品德。法治要体现道德理念、强化对道德建设的促进作用，道德要滋养法治精神、强化对法治文化的支撑作用，以实现法律和道德相辅相成、法治和德治相得益彰。

以案释法 03

严格依法办事、坚持从严治党

【案情介绍】2015年5月22日，天津市第一中级人民法院鉴于周永康案中一些犯罪事实证据涉及国家秘密，依法对周永康案进行不公开审理。

天津市第一中级人民法院经审理认为，周永康受贿数额特别巨大，但其归案后能如实供述自己的罪行，认罪悔罪，绝大部分贿赂系其亲属收受且其系事后知情，案发后主动要求亲属退赃且受贿款物全部追缴，具有法定、酌定从轻处罚情节；滥用职权，犯罪情节特别严重；故意泄露国家秘密，犯罪情节特别严重，但未造成特别严重的后果。

根据周永康犯罪的事实、性质、情节和对于社会的危害程度，天津市第一中级人民法院于2015年6月11日宣判，周永康犯受贿罪，判处无期徒刑，剥夺政治权利终身，并处没收个人财产；犯滥用职权罪，判处有期徒刑七年；犯故意泄露国家秘密罪，判处有期徒刑四年，三罪并罚，决定执行无期徒刑，剥夺政治权利终身，并处没收个人财产。

周永康在庭审最后陈述时说，我接受检方指控，基本事实清楚，我表示认罪悔罪；有关人员对我家人的贿赂，实际上是冲着我的权力来的，我应负主要责任；自己不断为私情而违法违纪，违法犯罪的事实是客观存在的，给党和国家造成了重大损失；对我问题的依纪依法处理，体现了全面从严治党、全面依法治国的决心。

【以案释法】周永康一案涉及新中国成立以来第一例因贪腐被中纪委立案审查的正国级领导干部。周永康的落马充分反映了我们党全面从严治党、全面依法治国的坚定决心。说明反腐没有“天花板”，无论任何人，不管位有多高，权有多大，只要违法乱纪，一样要严惩不贷。周永康一案的宣判表明，无论是位高权重之人，还是基层党员干部，都应始终要敬畏党纪、敬畏国法，不以权谋私，切忌把权力当成自家的“后花园”。通过办案机关依法办案、文明执法，讲事实、讲道理，周永康也认识到自己违法犯罪的事实给党的事业造成的损失，给社会造成了严重影响，并多次表示认罪悔罪。

综观周永康一案从侦办、审理和宣判，整个过程都坚持依法按程序办案，很好地体现了“以法治思维和法治方式反对腐败”的基本理念。这充分说明，我们党敢于直面问题、纠正错误，勇于从严治党、依法治国。周永康案件再次表明，党纪国法绝不是“橡皮泥”“稻草人”，无论是因为“法盲”导致违纪违法，还是故意违规违法，都要受到追究，否则就会形成“破窗效应”。法治之下，任何人都不能心存侥幸，都不能指望法外施恩，没有免罪的“丹书铁券”，也没有“铁帽子王”。

上述三个案例，尽管时间上跨度很大，分别为新民主主义革命时期、新中国成立初期和中国特色社会主义建设时期，但共同显示出我们党严格依法办事和从严治党的决心与信心没有变。

11. 怎样理解全面推行依法治国必须要从实际出发？

全面推进依法治国是中国特色社会主义道路、理论、制度实践的必然选择。建设法治中国，必须要从我国基本国情出发，同改革开放不断深化相适应，总结和运用党领导人民实行法治的成功经验，围绕社会主义法治建设重大理论和实践问题，深入开展法治建设，推进法治理论创新。

12. 十八届四中全会提出的建设法治政府二十四字要求是什么？

十八届四中全会明确提出，各级政府必须坚持在党的领导下、在法治轨道上开展工作，创新执法体制，完善执法程序，推进综合执法，严格执法责任，建立权责统一、权威高效的依法行政体制，加快建设“职能科学、权责法定、执法严明、公开公正、廉洁高效、守法诚信”的法治政府。

13. 十八届四中全会提出的强化对行政权力制约的监督形式有哪些？

十八届四中全会提出的强化对行政权力制约监督的途径包括：党内监督、人大监督、民主监督、行政监督、司法监督、审计监督、社会监督和舆论监督等。

14. 十八届四中全会提出的政务公开总体要求和公开事项有哪些？

十八届四中全会提出的政务公开总体要求是，坚持以公开为常态、不公开为例外原则，推进决策公开、执行公开、管理公开、服务公开、结果公开。各级政府及其工作部门要依据权力清单，向社会全面公开政府职能、法律依据、实施主体、职责权限、管理流程、监督方式等事项。

15. 建设中国特色社会主义法治体系的主要内容是什么？

十八届四中全会通过的《中共中央关于全面推进依法治国若干重大问题的决定》提出：“全面推进依法治国，总目标是建设中国特色社会主义法治体系，建设社会主义法治国家。”这是我们党的历史上，第一次提出建设中国特色的社会主义法治体系的新目标。

中国特色社会主义法治体系包括完备的法律规范体系、高效的法治实施体系、严密的法治监督体系、有力的法治保障体系、完备的党内法规体系五个子系统。其中，“完备的法律规范体系”是静态意义上的法规范体系，该体系是以宪法为核心的“中国特色社会主义法律体系”，包含了在中华人民共和国主权管辖范围内以宪法作为根本法的一切法律规范体系。“高效的法治实施体系”“严密的法治监督体系”及“有力的法治保障体系”是动态意义上的法运行体系，体现了法治的价值重在宪法和法律的实施，更关注在实际生活中法律规范的实施状况和实现程度，强调的是现实生活中人们的行为真正受到法律规范的约束。“完善的党内法规体系”是从准法律规范的角度对我党管党治党的党内法规提出的体系化要求，将党内法规体系纳入“中国特色社会主义法治体系”范畴，正是体现了“中国特色社会主义法治体系”的“中国特色”。

16.“谁执法谁普法”的内涵及重大意义是什么?

2015年是全面推进依法治国的开局之年，如何让法治理念、法治思维、法治精神、法治信仰入脑入心，成为全民共识，是深入开展普法教育的关键。《中共中央关于全面推进依法治国若干重大问题的决定》提出，实行国家机关“谁执法谁普法”的普法责任制，建立法官、检察官、行政执法人员、律师等以案释法制度，加强普法讲师团、普法志愿者队伍建设。

“谁执法谁普法”，即以法律所调整的社会关系的种类和所涉及的部门、行业为主体，充分发挥行业优势和主导作用，在抓好部门、行业内部法治宣传教育的同时，负责面向重点普法对象、面向社会宣传本部门、本行业所涉及所执行的法律法规。“谁执法谁普法”体现了法治中国的新要求，凸显了执法主体对普法的重要责任。执法机关对其执法对象、执法内容、执法当中存在的问题最了解，他们开展普法也更具针对性、及时性、有效性。

实行“谁执法谁普法”的普法责任制，是贯彻落实“七五”普法规划的重要举措。将有利于充分发挥执法部门、行业职能优势和主导作用，扩大普法依法治理工作覆盖面，增强法治宣传教育的针对性、专业性，促进执法与普法工作的有机结合，进一步加大普法依法治理工作力度，真正形成部门、行业分工负责、各司其职、齐抓共管的大普法工作格局。

17. 中国特色社会主义法律体系的基本构成是怎样的?

中国特色社会主义法律体系基本构成是：（1）宪法是中国特色社会主义法律体系的统帅；（2）法律是中国特色社会主义法律体系的主干；（3）行政法规和地方性法规是中国特色社会主义法律体系的重要组成部分；（4）整个体系包括七个法律部门，即宪法和宪法相关法、民法商法、行政法、经济法、社会法、刑法、诉讼与非诉讼程序法。

以案释法 04

让人民群众在司法案件中感受到公平正义

【案情介绍】欠债还钱，天经地义，支付罚息，也理所应当。但是，银行却在本金、罚息之外，另收“滞纳金”，并且还是按复利计算，结果经常导致“滞纳金”远高于本金，成了实际上的“驴打滚”。中国银行某高新技术产业开发区支行起诉信用卡欠费人沙女士，请求人民法院依法判令沙女士归还信用卡欠款共计375079.3元（包含本金339659.66元及利息、滞纳金共计35419.64元）。银行按每日万分之五的利率计算的利息，以及每个月高达5%的滞纳金，这就相当于年利率高达78%。受理本案的人民法院认为，根据合同法、商业银行法，我国的贷款利率是受法律限制的，最高人民法院在关于民间借贷的司法解释中明确规定：最高年利率不得超过24%，否则就算“高利贷”，不受法律保护。但问题在于，最高法的司法解释针对的是“民间高利贷”，而原告是根据中国人民银行的《银行卡业务管理办法》收取滞纳金的，该如何审理？

【以案释法】在我国社会主义法律体系中，宪法是国家的根本大法，处于最高位阶，一切法律、行政法规、司法解释、地方性法规和规章、自治条例和单行条例都不得与宪法规定精神相违背。依法治国首先是必须依宪治国。十八届四中全会重申了宪法第五条的原则：“一切违反宪法和法律的行为，必须予以追究”。强调要“努力让人民群众在每一个司法案件中感受到公平正义。”此案中，法官引述了宪法第三十三条：“中华人民共和国公民在法律面前一律平等。”法官认为：“平等意味着对等待遇，除非存在差别对待的理由和依据。一方面，国家以贷款政策限制民间借款形成高利；另一方面，在信用卡借贷领域又形成超越民间借贷限制一倍或者几倍的利息。这显然极可能形成一种‘只准州官放火，不许百姓点灯’的外在不良观感。”法官从宪法“平等权”等多个层面，提出应对法律做系统性解释，认为“商业银行错误将相关职能部门的规定作为自身高利、高息的依据，这有违于合同法及商业银行法的规定”，从而最终驳回了银行有关滞纳金的诉讼请求，仅在本金339659.66元、年利率24%的限度内予以支持。

18. 我国共开展了几个五年一轮的法治宣传教育？

1985年11月，中共中央、国务院批转中宣部、司法部《关于向全体公民基本普及法律常识的五年规划》，1985年11月22日，六届全国人大常委会十三次会议作出了《关于在公民中基本普及法律常识的决议》，提出从一九八六年起，争取用五年左右时间，有计划、有步骤地在一切有接受教育能力的公民中，普遍进行一次普及法律常识的教育，并且逐步做到制度化、经常化。自此，全国“一五”普法的帷幕正式拉开。三十年来，全国共开展了六个五年一轮的法制宣传教育活动，分别为“一五”普法（1986—1990年）、“二五”普法（1991—1995年）、“三五”普法（1996—2000年）、“四五”普法（2001—2005年）、“五五”普法（2006—2010年）、“六五”普法（2011—2015年），2016年进入“七五”普法时期。2016年3月25日，中共中央国务院转发《中央宣传部、司法部关于在公民中开展法治宣传教育的第七个五年规划（2016—2020年）》的通知，全国法治宣传教育第七个五年规划正式开始实施。

“七五”普法规划是在党中央作出全面推进依法治国战略布局，明确提出了依法治国的具体目标和要求的时代背景下出台的。它的实施周期正处于我国实现全面建成小康社会奋斗目标的关键时期，具有更为突出的政治意义和实践意义。党中央关于“坚持依法治国、依法执政、依法行政共同推进，坚持法治国家、法治政府、法治社会一体建设，实现科学立法、严格执法、公正司法、全民守法，促进国家治理体系和治理能力现代化”的提出，对进一步做好“七五”普法工作，既指明了方向，也明确了新的更高要求。

19.“七五”普法工作的指导思想是什么？

“七五”普法工作的指导思想：高举中国特色社会主义伟大旗帜，全面贯彻党的十八大和十八届三中、四中、五中全会精神，以马克思列宁主义、毛泽东思想、邓小平理论、“三个代表”重要思想、科学发展观为指导，深入贯彻习近平总书记系列重要讲话精神，坚持“四个全面”战略布局，坚持创新、协调、绿色、开放、共享的发展理念，按照全面依法治国新要求，深入开展法治宣传教育，扎实推进依法治理和法治创建，弘扬社会主义法治精神，建设社会主义法治文化，推进法治宣传教育与法治实践相结合，健全普法宣传教育机制，推动工作创新，充分发挥法治宣传教育在全面依法治国中的基础作用，推动全社会树立法治意识，为“十三五”时期经济社会发展营造良好法治环境，为实现“两个一百年”奋斗目标和中华民族伟大复兴的中国梦作出新的贡献。

20.“七五”普法工作的主要目标是什么？

“七五”普法工作的主要目标：普法宣传教育机制进一步健全，法治宣传教育实效性进一步增强，依法治理进一步深化，全民法治观念和全体党员党章党规意识明显增强，全社会厉行法治的积极性和主动性明显提高，形成守法光荣、违法可耻的社会氛围。

21."七五"普法工作的主要任务是什么?

"七五"普法规划明确了七项主要任务:(1)深入学习宣传习近平总书记关于全面依法治国的重要论述;(2)突出学习宣传宪法;(3)深入宣传中国特色社会主义法律体系;(4)深入学习宣传党内法规;(5)推进社会主义法治文化建设;(6)推进多层次多领域依法治理;(7)推进法治教育与道德教育相结合。

22."七五"普法的对象包括哪些人?

"七五"普法规划明确提出，法治宣传教育的对象是一切有接受教育能力的公民，重点是领导干部和青少年。

23.法律"六进"是指哪"六进"?

法律进机关、进乡村、进社区、进学校、进企业、进单位。

以案释法 05

坚持高效便民，落实依法行政

【案情介绍】近年来，永丰县人口计生委坚持高效便民的原则，坚持以计生优质服务"十到户"活动为载体，深入村组，免费为群众办理各种证件，免费为育龄妇女进行怀孕检查、妇科病普查等，大力实施民生工程，切实为群众解决实际问题。正如村民们说的那样:"原来办生育证、流动人口婚育证时常要跑40里路到乡里办，而且跑三四次都难找到办事人员，有时找到了办事人员，态度又不好，还要交几十元钱办证费。现在可好，办证都上户了，且不用交钱，当场可拿，现在计生干部的工作真是做到家了。"

【以案释法】只有把高效便民服务落实到位，心系百姓，便利为民，才能真正做到依法行政，受到百姓的认可与拥护。

二、宪法和公民权利义务

24. 我国的国体是什么？政体是什么？

我国的国体是工人阶级领导的以工农联盟为基础的人民民主专政的社会主义国家。政体是人民代表大会制度。

25. 宪法规定我国公民享有哪些基本权利和自由？

（1）政治权利和自由。包括选举权和被选举权，监督权，言论、出版、集会、结社、游行、示威的自由等。（2）人身自由和宗教信仰自由。（3）社会经济权利和文化教育权利。（4）保障妇女的权利，保护婚姻、家庭、母亲、儿童和老人，保护华侨、归侨、侨眷的合法正当权利等。

26. 宪法规定我国公民应当履行哪些义务？

（1）维护国家的统一和各民族团结；（2）遵守宪法和法律，保守国家秘密，爱护公共财产，遵守劳动纪律，遵守公共秩序，尊重社会公德；（3）维护祖国的安全、荣誉和利益；（4）保卫祖国，依法服兵役和参加民兵组织；（5）依法纳税；（6）实行计划生育。

以案释法 06

破坏计划生育违背宪法精神

【案情介绍】男青年唐某与女青年于某婚后连续生了3个女孩。唐某是独生子，为了延续所谓的“香火”，他便想让妻子再生一个男孩。当于某再次怀孕后，村妇女主任找到唐某，要他协助动员妻子去流产时，唐某却说：“计划生育是女人的事，你别找我们老爷们。”而在背后却坚决阻止妻子流产，以达到超生的目的。

【以案释法】宪法第四十九条规定，婚姻、家庭、母亲和儿童受国家的保护。夫妻双方都有实行计划生育的义务。婚姻法第二十二条也规定了，夫妻双方都有实行计划生育的义务。但是，长期以来，由于封建的养儿“传宗接代”和“多子多福”等宗法思想的影响，严重地阻碍了计划生育政策的落实。特别是一些男同志，看到妻子生了女孩，就埋怨妻子断了他家“香火”，要么坚持再生，要么提出离婚。当向其宣传计划生育政策时，又不屑一顾地把责任推向女方。案例中的唐某就是典型的代表。生儿育女、计划生育，不只是丈夫或妻子个人的事，而是夫妻共同的责任。所以说，唐某所谓的“计划生育是女人的事”是非常错误的，是违反宪法精神的。

27. 全国人大行使的职权有哪几项？

（1）修改宪法；（2）监督宪法的实施；（3）制定和修改刑事、民事、国家机构的和其他的基本法律；（4）选举中华人民共和国主席、副主席；（5）根据中华人民共和国主席的提名，决定国务院总理的人选；根据国务院总理的提名，决定国务院副总理、国务委员、各部部长、各委员会主任、审计长、秘书长的人选；（6）选举中央军委主席；根据中央军委主席的提名，决定中央军委其他组成人员的人选；（7）选举最高人民法院院长；（8）选举最高人民检察院检察长；（9）审查和批准国民经济和社会发展计划和计划执行情况的报告；（10）审查和批准国家的预算和预算执行情况的报告；（11）改变或者撤销全国人大常委会不适当的决定；（12）批准省、自治区和直辖市的建置；（13）决定特别行政区的设立及其制度；（14）决定战争和和平的问题；（15）当由最高国家权力机关行使的其他职权。

28. 全国人大常委会行使哪些职权？

（1）解释宪法，监督宪法的实施；（2）制定和修改除应当由全国人大制定的法律以外的其他法律；（3）在全国人大闭会期间，对全国人大制定的法律进行部分补充和修改，但是不得同该法律的基本原则相抵触；（4）解释法律；（5）在全国人大闭会期间，审查和批准国民经济和社会发展计划、国家预算在执行过程中所必须作的部分调整方案；（6）监督国务院、中央军事委员会、最高人民法院和最高人民检察院的工作；（7）撤销国务院制定的同宪法、法律相抵触的行政法规、决定和命令；（8）撤销省、自治区、直辖市国家权力机关制定的同宪法、法律和行政法规相抵触的地方性法规和决议；（9）在全国人大闭会期间，根据国务院总理的提名，决定部长、委员会主任、审计长、秘书长的人选；（10）在全国人大闭会期间，根据中央军委主席的提名，决定中央军委其他组成人员的人选；（11）根据最高人民法院院长的提请，任免最高人民法院副院长、审判员、审判委员会委员和军事法院院长；（12）根据最高人民检察院检察长的提请，任免最高人民检察院副检察长、检察员、检察委员会委员和军事检察院检察长，并且批准省、自治区、直辖市的人民检察院检察长的任免；（13）决定驻外全权代表的任免；（14）决定同外国缔结的条约和重要协定的批准和废除；（15）规定军人和外交人员的衔级制度和其他专门衔级制度；（16）规定和决定授予国家的勋章和荣誉称号；（17）决定特赦；（18）在全国人大闭会期间，如果遇到国家遭受武装侵犯或者必须履行国际间共同防止侵略的条约的情况，决定战争状态的宣布；（19）决定全国总动员或者局部动员；（20）决定全国或者个别省、自治区、直辖市进入紧急状态；（21）全国人大授予的其他职权。

29. 国务院行使的职权有哪几项？

（1）根据宪法和法律，规定行政措施，制定行政法规，发布决定和命令；（2）向全国人大或者全国人大常委会提出议案；（3）规定各部和各委员会的任务和职责，统一领导各部和各委员会的工作，并且领导不属于各部和各委员会的全国性的行政工作；（4）统一领导全国地方各级国家行政机关的工作，规定中央和省、自治区、直辖市的国家行政机关的职权的具体划分；（5）编制和执行国民经济和社会发展计划和国家预算；（6）领导和管理经济工作和城乡建设；（7）领导和管理教育、科学、文化、卫生、体育和计划生育工作；（8）领导和管理民政、公安、司法行政和监察等工作；（9）管理对外事务，同外国缔结条约和协定；（10）领导和管理国防建设事业；（11）领导和管理民族事务，保障少数民族的平等权利和民族自治地方的自治权利；（12）保护华侨的正当的权利和利益，保护归侨和侨眷的合法的权利和利益；（13）改变或者撤销各部、各委员会发布的不适当的命令、指示和规章；（14）改变或者撤销地方各级国家行政机关的不适当的决定和命令；（15）批准省、自治区、直辖市的区域划分，批准自治州、县、自治县、市的建置和区域划分；（16）依照法律规定决定省、自治区、直辖市的范围内部分地区进入紧急状态；（17）审定行政机构的编制，依照法律规定任免、培训、考核和奖惩行政人员；（18）全国人大和全国人大常委会授予的其他职权。

以案释法 07

行政许可不得随意设定

【案情介绍】2008年9月，河南省漯河市某镇下发《关于加强秋季秸秆禁烧工作的紧急通知》的文件，明确规定收割玉米的农户要先办理“砍伐证”“准运证”，每亩玉米缴费500元后，才能收割，否则将“给予严重处罚直至追究刑事责任”。绝大多数农户未办“两证”，致使数万亩成熟玉米无法收割，村民们心急如焚。此事经媒体曝光后，9月18日上午，该镇所在区委常委会作出决定，因违规发放“玉米秸秆砍伐证”，裴城镇党委书记和镇长按相关程序免职。

【以案释法】行政许可法第十七条规定，省级人民政府以下的行政机关或者其内部机构不能通过发文件的方式设定行政许可。显然，该镇根本没有设定行政许可的权限，无权发文规定砍伐秸秆要办手续并缴纳费。

30．我国现行宪法是什么时候通过并施行的？颁布过几次宪法修正案？

我国现行宪法于1982年12月4日五届全国人大五次会议通过，1982年12月4日全国人大公告公布施行。

我国宪法经历过四次修正案，1988年4月12日七届全国人大一次会议通过的宪法修正案；1993年3月29日八届全国人大一次会议通过的宪法修正案；1999年3月15日九届全国人大二次会议通过的宪法修正案和2004年3月14日十届全国人大二次会议通过的宪法修正案。

31．我国人民代表大会制度的优越性体现在哪几方面？

人民代表大会制度是适合我国国情的根本政治制度，它直接体现我国人民民主专政的国家性质，是建立我国其他国家管理制度的基础。它有利于保证国家权力体现人民的意志；它有利于保证中央和地方的国家权力的统一；它有利于保证我国各民族的平等和团结。

32．人民代表大会制度的主要内容有哪几项？

（1）国家的一切权力属于人民。人民行使国家权力的机关是全国人大和地方各级人大。各级人大代表都由民主选举产生，对人民负责，受人民监督。（2）人大及其常委会集体行使国家权力，集体决定问题，严格按照民主集中制的原则办事。（3）国家行政机关、审判机关、检察机关都由人大产生，对它负责，向它报告工作，受它监督。（4）全国人大是最高国家权力机关；地方各级人大是地方国家权力机关。全国人大和地方各级人大各自按照法律规定的职权，分别审议决定全国的和地方的大政方针。全国人大对地方人大不是领导关系，而是法律监督关系、选举指导关系和工作联系关系。（5）中央和地方的国家机构职权的划分，遵循在中央的统一领导下，充分发挥地方的主动性、积极性的原则。

33. 什么是民族区域自治制度？

民族区域自治制度，是指在国家统一领导下，各少数民族聚居的地方实行区域自治，设立自治机关，行使自治权的制度。

34. 我国民族自治地方的自治权体现在哪几个方面？

（1）民族立法权。民族自治地方的人大有权依照当地的政治、经济和文化的特点，制定自治条例和单行条例。（2）变通执行权。上级国家机关的决议、决定、命令和指标，如果不适合民族自治地方实际情况，自治机关可以报经上级国家机关批准，变通执行或者停止执行。（3）财政经济自主权。凡是依照国家规定属于民族自治地方的财政收入，都应当由民族自治地方的自治机关自主安排使用。（4）文化、语言文字自主权。民族自治地方的自治机关在执行公务的时候，依照本民族自治地方自治条例的规定，使用当地通用的一种或者几种语言文字。（5）组织公安部队权。民族自治地方的自治机关依照国家的军事制度和当地的实际需要，经国务院批准，可以组织本地方维护社会治安的公安部队。（6）少数民族干部具有任用优先权。

35. 我国公民享有平等权体现在哪几方面？

（1）我国公民不分民族、种族、性别、职业、家庭出身、宗教信仰、教育程度、财产状况、居住期限，一律平等地享有宪法和法律规定的权利并平等地承担相应的义务；（2）国家机关对公民平等权利的保护，对公民履行义务平等的约束，平等的要求；（3）所有公民在适用法律上一律平等，不允许任何组织和个人有超越宪法和法律之上的特权；（4）法律面前一律平等还包括民族平等和男女平等。

36. 我国公民享有的选举权与被选举权的内容有哪几项？

（1）公民有权按照自己的意愿选举人大代表；（2）公民有被选举为人大代表的权利；（3）公民有依照法定程序罢免那些不称职的人大代表的权利。

以案释法 08

宪法赋予的选举权不容破坏

【案情介绍】某地选举人大代表时，张某在三次讨论候选人提名过程中，对群众提出的候选人都没有表示反对，也没有提出新的候选人。在正式选举中，张某到会场对一些选民说："我们不选他们（指两个候选人），我要选就选我自己。"他先向两名没有带笔的选民索要选票。因为这些选民没有听到张某说要选自己的话，以为他为人代笔，便把选票交给他代写。就这样张某共收了33张选票，在未征求选举人同意的情况下，在两个候选人的名字上打了"×"，在另选人栏下填上自己的名字。经检查，这些选民都不同意选张某。由于他的破坏，两名候选人的选票都没有超过半数，造成选举无效的严重后果。

【以案释法】宪法第三十四条规定，中华人民共和国年满十八周岁的公民，不分民族、种族、性别、职业、家庭出身、宗教信仰、教育程度、财产状况、居住期限，都人选举和被选举权；但是依照法律被剥夺政治权利的人除外。选举权和被选举权，是宪法赋予公民的最基本的政治权利自由。破坏或妨碍公民的选举，不仅直接影响公民民主权利的行使，而且可能使一些人混进国家政权机关，危害国家和人民的利益，影响国家机关的威信。因此，为了保障公民行使当家作主的神圣权利，不仅选举法专章规定了对各种破坏选举或妨碍选民自由行使选举权的违法犯罪行为的制裁，刑法也进一步规定了破坏选举罪，并规定对这种犯罪行为要依法追究刑事责任，这些规定为保障选举的顺利进行和选民权利的实现提供了法律上的保障。本案中的张某以欺骗的手段索取了33张选票并擅自填写上自己的名字，造成选举无效，妨害了选民自由行使选举权和被选举权。因此，张某的行为违反了宪法和有关法律的规定，构成破坏选举罪，应依法对其进行制裁。

37. 我国公民享有的言论、出版、集会、结社、游行、示威自由的具体含义是什么？

（1）言论自由就是宪法规定公民通过口头或书面形式表达自己的意见的自由；（2）出版自由是公民以出版物形式表达其思想和见解的自由；（3）集会自由是指公民享有宪法赋予的聚集在一定场所商讨问题或表达意愿的自由；（4）结社自由是公民为一定宗旨，依照法定程序组织或参加具有连续性的社会团体的自由；（5）游行自由是指公民采取列队行进的方式来表达意愿的自由；（6）示威自由是指通过集会或游行、静坐等方式表达强烈意愿的自由。

38. 我国公民享有的监督权的主要内容有哪几项？其含义是什么？

（1）批评权，即公民有对国家机关和国家工作人员工作中的缺点和错误提出批评意见的权利；（2）建议权，即公民有对国家机关和国家工作人员的工作提出合理化建议的权利；（3）控告权，是指公民对任何国家机关和国家工作人员的违法失职行为有向有关机关进行揭发和指控的权利；（4）检举权，是指公民对于违法失职的国家机关和国家工作人员，有向有关机关揭发事实、请求依法处理的权利；（5）申诉权，是指公民的合法权益因行政机关或司法机关作出的错误的、违法的决定或裁判，或者因国家工作人员的违法失职行为而受到侵害时，有向有关机关申诉理由、要求重新处理的权利。

39. 我国的宪法日是什么时候设立的？

党的十八届四中全会通过的《中共中央关于全面推进依法治国若干重大问题的决定》提出，将每年12月4日定为国家宪法日。2014年11月1日十二届全国人大常委会十一次会议通过的《全国人民代表大会常务委员会关于设立国家宪法日的决定》，正式将12月4日设立为国家宪法日。决定在宪法日，国家通过多种形式开展宪法宣传教育活动。

40. 国家设立宪法日的目的和意义是什么？

国家宪法日设立的目的，是为了增强全社会的宪法意识，弘扬宪法精神，加强宪法实施，全面推进依法治国。设立国家宪法日，有助于树立宪法权威，维护宪法尊严；有助于普及宪法知识，增强全社会宪法意识，弘扬宪法精神；有助于扩大宪法实施的群众基础，加强宪法实施的良好氛围，发扬中华民族的宪法文化。

41. 确立宪法宣誓制度的目的和意义是什么？

2015年7月1日十二届全国人大常委会十五次会议通过了《全国人民代表大会常务委员会关于实行宪法宣誓制度的决定》，以国家立法形式确立了我国的宪法宣誓制度，该决定自2016年1月1日起施行。

宪法宣誓制度的确立及实行，具有非常重要的意义。实行宪法宣誓制度有利于树立宪法权威；有利于增强国家工作人员的宪法观念，激励和教育国家工作人员忠于宪法、遵守宪法。宪法宣誓仪式是庄严神圣的，宣誓人员通过感受宪法的神圣，铭记自己的权力来源于人民、来源于宪法。在履行职务时就可以严格按照宪法的授权行使职权，发现违反宪法的行为，就能够坚决地捍卫宪法、维护宪法。实行宪法宣誓制度也有利于在全社会增强宪法意识。通过宪法宣誓活动，可以强化全体公民对宪法最高法律效力、最高法律权威、最高法律地位的认识，可以提高全体社会成员自觉遵守宪法，按照宪法规定行使权利履行义务。

根据决定的规定，各级人大及县级以上各级人大常委会选举或者决定任命的国家工作人员，以及各级人民政府、人民法院、人民检察院任命的国家工作人员，在就职时应当公开进行宪法宣誓。

42．宪法宣誓的誓词内容是什么？

根据全国人大常委会的决定规定，宪法宣誓誓词为："我宣誓：忠于中华人民共和国宪法，维护宪法权威，履行法定职责，忠于祖国、忠于人民，恪尽职守、廉洁奉公，接受人民监督，为建设富强、民主、文明、和谐的社会主义国家努力奋斗！"

43．总体国家安全观是怎样提出的？

1992年十四大、1997年十五大、2002年十六大，都曾不同程度地提到了国家安全，但只有2004年9月十六届四中全会通过的《中共中央关于加强党的执政能力建设的决定》，才第一次比较系统地论述了国家安全问题，并首次提出要"抓紧构建维护国家安全的科学、协调、高效的工作机制"。

2007年10月，十七大报告把相关提法概括成"健全国家安全体制"八个字。2012年十八大时，相关内容与"国家安全战略"合为一体，被表述为"完善国家安全战略和工作机制"。

在十八届三中全会上，针对设立国家安全委员会的必要性和迫切性，习近平总书记对我国国家安全形势的概括是：当前，我国面临对外维护国家主权、安全、发展利益，对内维护政治安全和社会稳定的双重压力。各种可以预见和难以预见的风险因素明显增多。鉴于当下形势，十八届三中全会公报正式提出了"完善国家安全体制"。至此，"完善国家安全体制"成了一个最准确的表述。

2013年11月12日，党的十八届三中全会公报指出，中央将设立国家安全委员会，完善国家安全体制和国家安全战略，确保国家安全。设立国家安全委员会，提出"总体国家安全观"是对2004年9月十六届四中全会首次提出并在后来多次强调的"构建"或"健全""国家安全工作机制"及"完善国家安全体制"的落实和发展。

2014年1月24日，中共中央政治局召开会议，研究决定国家安全委员会设置。国家安全委员会作为中共中央关于国家安全工作的决策和议事协调机构，统筹协调涉及国家安全的重大事项和重要工作。至此，我国就拥有了应对国内外综合安全和制定国家安全战略的顶层运作机制。

2014年4月，中央国家安全委员会第一次全体会议召开，习近平将保证国家安全明确列为头等大事，"总体国家安全观"首次被系统地提出。

2014年4月15日，中央国家安全委员会首次会议的召开，标志着富有中国特色的国家安全机制开始正式运转。习近平在国家安全委员会第一次会议上指出，当前我国国家安全内涵和外延比历史上任何时候都要丰富，时空领域比历史上任何时候都要宽广，内外因素比历史上任何时候都要复杂，必须坚持总体国家安全观。

2015年5月，全国国家安全机关总结表彰大会召开，习近平对“国安干部”提出“坚定纯洁、让党放心、甘于奉献、能拼善赢”16个字的标准要求。

2015年7月，十二届全国人大常委会十五次会议通过国家安全法，将每年4月15日确定为全民国家安全教育日。2015年7月通过的国家安全法就是把党中央维护国家安全的这一新方针政策法律化、制度化，赋予其法律约束力。

44. 国家安全体系包括哪些方面？

国家安全法第三条规定：国家安全工作应当坚持总体国家安全观，以人民安全为宗旨，以政治安全为根本，以经济安全为基础，以军事、文化、社会安全为保障，以促进国际安全为依托，维护各领域国家安全，构建国家安全体系，走中国特色国家安全道路。遵循这一指导原则，国家安全法规定了政治安全、人民安全、国土安全、军事安全、经济安全、文化安全、社会安全、科技安全、信息安全、生态安全、资源安全、核安全，以及新型领域安全等方面的安全任务；规定了国家安全工作应当遵循维护国家安全与经济社会发展相协调和统筹各领域安全的原则。从而，构建起集各领域安全于一体的国家安全体系。

以案释法 09

国家工作人员行政违法公民有申诉权

【案情介绍】2009年，李某下岗后开了一家百货商店谋生，并依法进行了工商与税务登记。李某每月按时交纳工商管理费并依法纳税，生意一直不错。2010年2月13日，区工商行政管理局三名工作人员来到了李某的商店，以检查工作为名要求李某请他们吃饭，遭到了李某的拒绝，由此对李某怀恨在心。2010年3月15日，全国展开了声势浩大的“打假”活动。区工商行政管理局三名工作人员再次来到李某的商店，声称李某涉嫌经营假冒伪劣产品，吊销了李某的营业执照，并作出当场罚款3000元的行政处罚。由于李某的营业执照被吊销，致使其遭受了近10000元的损失。李某遂向人民法院提起行政诉讼，要求法院撤销区工商行政管理局的行政处罚决定。法院经过审查，认为李某一直守法经营，从未经销过假冒伪劣产品，区工商行政管理局吊销李某的营业执照、处以3000元的罚款属于违法行为，依法予以撤销。

【以案释法】本案中，区工商行政管理局的这一处罚行为属于严重的行政违法行为。首先，区工商行政管理局作出行政处罚决定缺乏事实根据，属无中生有；其次，区工商局作出行政处罚的程序严重违法。三名工作人员没有告知李某有要求听证的权利，当场作出处罚决定，同时擅自收缴罚款，这些行为都严重违反了行政处罚法的相关规定，故而该处罚应当予以撤销。

45. 我国国家机构的组织和活动原则有哪几项?

（1）民主集中原制；（2）联系群众，为人民服务原则；（3）社会主义法治原则；（4）责任制原则；（5）精简和效率原则。

46. 我国多党合作制度的基本内容有哪几项?

（1）中国共产党是执政党，各民主党派是参政党，中国共产党和各民主党派是亲密战友；（2）中国共产党和各民主党派合作的首要前提和根本保证是坚持中国共产党的领导和坚持四项基本原则；（3）中国共产党与各民主党派合作的基本方针是“长期共存，互相监督，肝胆相照，荣辱与共”；（4）中国共产党和各民主党派以宪法和法律为根本活动准则。

三、外出务工常识

47. 国家对农民工外出就业的年龄有没有要求？

我国劳动法严禁企业招用十六周岁以下的童工。用人单位均不得招用不满十六周岁的未成年人。

禁止任何单位或者个人为不满十六周岁的未成年人介绍就业。禁止不满十六周岁的未成年人开业从事个体经营活动。用人单位招用人员时，必须核查被招用人员的身份证；对不满十六周岁的未成年人，一律不得录用。

但是，文艺、体育和特种工艺单位招用未满十六周岁的未成年人，必须依照国家有关规定，履行审批手续，并保障其接受义务教育的权利。

十六周岁到十八周岁务工者为未成年工，劳动法对企业招用未成年工有所限制，并规定企业对未成年工实行特定的保护措施。因此，未成年工不适合到那些工作时间长、劳动强度大、影响身体健康发育的企业打工。

48. 国家规定的农民进城务工需要交费的项目有哪些？

根据国家有关文件的规定，有关部门在办理农民进城务工就业和企业用工的手续时，除按照国务院有关规定收取的证书工本费外，不得收取其他费用。证书工本费收费标准最高不超过5元。目前进城务工农民必须办理的证件主要是暂住证和婚育证。

49. 国家为维护农民工进城就业的权益需要重点解决的问题有哪些？

（1）抓紧解决农民工工资偏低和拖欠问题；（2）依法规范农民工劳动管理；（3）搞好农民工就业服务和培训；（4）积极稳妥地解决农民工社会保障问题；（5）切实为农民工提供相关公共服务；（6）健全维护农民工权益的保障机制；（7）促进农村劳动力就地就近转移就业；（8）加强和改进对农民工工作的领导。

以案释法 ⑩

应聘须签订劳动合同

【案情介绍】老张在南昌一家工业园区企业当门卫，但并没有和企业签订书面劳动合同。2009年1月，老张突然被辞退，且没有结算工资。老张多次找老板理论未果，因此只得向有关部门投诉。

劳动监察部门对此事进行了调查，但企业矢口否认老张是其员工，老张也拿不出劳动合同和其他书面证据证明他与该企业存在劳动关系。最后，老张对申诉结果不满意。

【以案释法】按照劳动合同法的规定，用人单位与劳动者应当自用工之日起一个月内订立书面劳动合同。如果不能证明存在劳动关系，则其各种劳动保障权益将难以得到保护。而且，如果没有劳动合同，劳动者难以证明双方有关工资等事项的口头约定。

50. 国家对进城务工农民子女入学有什么政策？

（1）进城务工就业农民流入地政府负责进城务工就业农民子女接受义务教育工作，以全日制公办中小学为主；（2）流入地政府要制定有关行政规章，协调有关方面，切实做好进城务工就业农民子女接受义务教育工作；（3）充分发挥全日制公办中小学的接收主渠道作用。在评优奖励、入队入团、课外活动等方面，学校要做到进城务工就业农民子女与城市学生一视同仁；（4）建立进城务工就业农民子女接受义务教育的经费筹措保障机制；（5）采取措施，切实减轻进城务工就业农民子女教育费用负担，流入地政府要制定进城务工就业农民子女接受义务教育的收费标准，减免有关费用，做到收费与当地学生一视同仁；（6）进城务工就业农民流入地政府做好外出务工就业农民子女义务教育工作。外出务工就业农民子女返回原籍就学，当地教育行政部门要指导并督促学校及时办理入学等有关手续，禁止收取任何费用。

51. 国家对农民工从事个体经营有哪些规定？

个体工商户条例第二条规定，有经营能力的公民，依照规定经工商行政管理部门登记，从事工商业经营的，为个体工商户。因此，农民工只要具备经营条件就可以依法登记开展个体经营。根据该条例的规定，农民工申请登记为个体工商户，应当向经营场所所在地登记机关（县、自治县、不设区的市、市辖区工商行政管理部门为个体工商户的登记机关）申请注册登记。登记时应当提交登记申请书、身份证明和经营场所证明。个体工商户登记事项包括经营者姓名和住所、组成形式、经营范围、经营场所。个体工商户使用名称的，名称作为登记事项。登记后，个体工商户可以个人经营，也可以家庭经营。经营应当遵守法律、法规，遵守社会公德、商业道德，诚实守信，接受政府及其有关部门依法实施的监督。

52. 进城务工人员应具备哪些基本条件？

（1）具备独立承担民事责任的能力；（2）具备一定的文化水平；（3）要有良好的身体素质；（4）具有一定的沟通能力，外出前可以进行普通话训练；（5）有一技之长；（6）要有良好的思想道德素质；（7）要有面对挫折的心理准备；（8）要有一定的物质准备。

53. 进城务工人员需要准备哪些证件？

（1）本人有效身份证；（2）育龄妇女需准备好计划生育证；（3）毕业证或学历证明，或能证明自己特殊身份的证件，如转业军人证、复员军人证等；（4）凡前往深圳、珠海或其他省（区）边境管理区就业的公民，必须申办边境通行证；（5）卫生防疫部门颁发的健康合格证，有利于在公共场所，比如宾馆、饭店等找工作；（6）已经取得的职业资格证及外出人员就业登记卡等。此外，可以准备一些1寸和2寸的半身免冠照片，以备进城之后办理一些必要证件时使用。

54. 农民工进城务工旅途中应该注意什么？

（1）注意财物安全，贵重物品随身携带，不要携带大量现金；（2）上车前后避免拥挤，不给小偷留下机会；（3）中途车停看住行李，尽量减少下车购物；（4）警惕人前频翻行李，摆放行李时避免与形状、颜色相同的行李放在一起；（5）夜间瞌睡留人看护行李；（6）警惕一些“老乡”“同行”的主动搭讪或赠送食品及物品；（7）手机不要借人，也不要给人翻看，以免坏人对自己的家人实施诈骗；（8）控制好奇心，不凑热闹，以防上当受骗。

55. 农民工盲目进城务工会有哪些不良后果？

许多农民既没有一技之长，又没事先找好工作，也没有熟人或朋友，盲目涌入大城市，这种“误打误撞”的办法不仅找到工作的可能性极小，而且最直接的后果就是会带来自己经济上的损失。因为有些不法分子经常利用进城的农民急于找到工作的心理，进行诈骗、拐卖、勒索等犯罪活动，使盲目进城的农民蒙受损失。

以案释法 ⑪

进城务工被老乡假借用工骗钱案

【案例介绍】孙某在大连遇到了自己的老乡项某，老乡见面分外亲切，两人一见如故，说来说去讲到了找工作。项某说自己现在的工作单位待遇不错，一个月1000多块钱，包吃包住，只不过工作量大了点。孙某觉得老乡介绍的一定不错，就高兴地去应聘，先后交了各种费用500元，让他回去等消息。等来等去没有回音，打电话给老乡，他一个劲说等等，后来干脆连电话都不接了，更别提露面了。

【以案释法】在劳动力市场上，老乡骗老乡时有发生。同乡之间的亲切给身处异乡的农民工带来不少温暖，因此放松了警惕，一不留神就会受骗。其实，骗子就是掌握了农民工的这种心理，行骗时猛套近乎，不是老乡也硬说是老乡。中介公司、野广告、老乡杀熟这样的招工骗局是不法分子一贯的招式。通常他们会要求先交钱，后等消息，结果就是以各种理由把人撵走，钱留下。即使给你介绍工作也会让你做不下去，白白丢了钱。根据2008年1月1日起施行的劳动合同法第九条规定，用人单位招用劳动者，不得扣押劳动者的居民身份证和其他证件，不得要求劳动者提供担保或者以其他名义向劳动者收取财物。所以，农民工在找工作时，一定要注意不要轻易掏出兜里的钱，应仔细签订劳动合同，找信誉好的中介公司，在与中介公司交涉过程中，如需交押金，要签订退款协议，约定好双方的责任和义务、返款的比例等，以备日后出现问题时及时解决。

56. 进城务工人员如何办理暂住证？

到达务工地以后，应该向管辖居住地的公安派出所及时申请办理暂住证。在办理暂住证时，应提交以下证件或证明材料：（1）有效居民身份证；（2）育龄妇女应提交流动人口婚育证明；（3）1寸免冠照片3张。

57. 农民工从事建筑业需要具备哪些条件？

（1）身体健康。凡患有高血压、心脏病、贫血、癫痫等病的人不宜从事建筑工作。（2）具有安全意识。在施工过程中，稍不小心就可能发生意外，必须严格遵守安全操作规范，并懂得灭火、安全用电和急救常识等。（3）具有基本的知识与能力。劳动者应具备基本知识，经过正规的专业培训，掌握建筑工艺中的一种或几种技能，熟悉有关建筑质量标准、质量管理等知识，了解建筑施工的一般过程等。

58. 对从事室内装修业的人员有哪些素质要求？

室内装修业除包括室内建筑材料的设计、生产、加工外，还有木工、门窗工、油漆工、抹灰工、管工、电工等许多工种。室内装修业涉及建筑物的安全、居室环境保护、装饰美化等内容，因此对从业者的素质要求较高。

从事室内装修业，要具有初中以上的文化程度；要具有两年以上的专业训练或操作经历；了解各类装饰材料的性质、用途、使用方法；掌握室内装修的工艺过程；有一定的设计知识和识图能力，能按照图纸进行作业处理；掌握安全操作技术规程，以及防毒、防火常识。室内装修业的各个工种均有较高的技术要求，从业者必须掌握熟练的操作技能。

59. 农民工从事餐饮业有哪些素质要求？

（1）文化素质。要具有初中以上文化程度；具有一定的原料、营养、卫生和经营管理方面的知识。如果在涉外饭店工作，还要有一定的外语会话能力。服务员应该不仅对本饭店经营的饭菜和酒水有足够的了解，还要了解饮食知识、文化，才能满足顾客的需求。（2）心理素质。从事餐饮业的职业要有强烈的服务意识和端正的服务态度，能严格遵守职业纪律，能自觉抵制精神污染和金钱的腐蚀。（3）身体素质。要求味觉、嗅觉灵敏，动作反应迅速，双手及眼手协调能力强。无色盲、无口臭、无皮肤病、无传染病。（4）仪容仪表。注重仪表，整洁大方，穿着打扮要适当，保持饱满的精神状态，对服务员还要求五官端正、言语流畅。

60. 对修理业的从业人员有哪些素质要求？

（1）需要一定的专业知识和熟练的修理技术；（2）要坚持诚信，顾客至上，文明服务；（3）要不断地钻研技术，学习新的方法，学会使用最新的检测工具，提高服务水平。

61. 农民工从事家政服务业有哪些素质要求？

家政服务业的特点是进入家庭内就业，工作项目多而细，包括照看婴儿、接送孩子、照顾老人和病人、洗衣做饭、打扫卫生等许多方面。因此，对从事家政服务业人员的素质要求也比较高，主要应具备以下方面：（1）身体健康，无传染病；（2）人品好，无不良道德品质问题；（3）性格好，耐心细致；（4）善于沟通，能及时向雇主反映各种情况，如出现问题要及时沟通解释清楚，防止出现误会。

以案释法⑫

保姆购买假发票代主人报销涉嫌犯罪

【案情介绍】朱某是一名退休干部，每次从单位报销医药费都由其保姆韩某代劳，不想韩某竟通过购买假发票的方式向朱某单位骗取住院医药费，从2007年至2011年共计骗取44万余元。事发后，韩某被检察机关以诈骗罪起诉，北京市东城区人民法院立案受理此案。

据检察机关查明，银行退休干部朱某因年迈体弱常年住院，于2003年聘请了韩某做保姆，朱某每次住院后从单位报销都由保姆韩某代领医药费报销款。一次偶然机会，韩某得知火车站附近可以购买假发票，尝试了一次未被识破后，尝到甜头的韩某开始疯狂地买假发票骗取报销款，同时自己也一步步走向犯罪的深渊。韩某买假发票报销少则一月一次，多则一月两次，在四年的时间里通过购买协和、同仁、宣武等医院的住院发票骗取报销款共计44万余元，钱财全部被韩某挥霍一空。韩某最后一次行骗因报销数额较大，引起了单位会计的怀疑，韩某的罪行才最终败露。事发后，韩某逃回黑龙江老家，后被公安机关抓获。

【以案释法】韩某无视国法，诈骗他人钱财且数额较大，其行为触犯了刑法，最终以诈骗罪被追究刑事责任。

62. 什么是特种作业？特种作业包括哪些种类？

特种作业，是指容易发生事故，对操作者本人、他人的安全健康及设备、设施的安全可能造成重大危害的作业。

根据特种作业人员安全技术培训考核管理规定，特种作业共有十一类：（1）电工作业；（2）焊接与热切割作业；（3）高处作业；（4）制冷与空调作业；（5）煤矿安全作业；（6）金属非金属矿山安全作业；（7）石油天然气安全作业；（8）冶金（有色）生产安全作业；（9）危险化学品安全作业；（10）烟花爆竹安全作业；（11）安全监管总局认定的其他作业。

63. 特种作业人员应符合哪些条件？

根据《特种作业人员安全技术培训考核管理规定》第四条的规定，特种作业人员应当符合下列条件：（1）年满十八周岁，且不超过国家法定退休年龄；（2）经社区或者县级以上医疗机构体检健康合格，并无妨碍从事相应特种作业的器质性心脏病、癫痫病、美尼尔氏症、眩晕症、癔病、震颤麻痹症、精神病、痴呆症以及其他疾病和生理缺陷；（3）具有初中及以上文化程度；（4）具备必要的安全技术知识与技能；（5）相应特种作业规定的其他条件。危险化学品特种作业人员除符合（1）、（2）、（4）、（5）的条件外，应当具备高中或者相当于高中及以上文化程度。

四、培训和就业

64. 什么是阳光工程?

阳光工程是由政府公共财政支持，主要在粮食主产区、劳动力主要输出地区、贫困地区和革命老区开展的农村劳动力转移到非农领域就业前的职业技能培训示范项目。按照“政府推动、学校主办、部门监管、农民受益”的原则组织实施。旨在提高农村劳动力素质和就业技能，促进农村劳动力向非农产业和城镇转移，实现稳定就业和增加农民收入，推动城乡经济社会协调发展，加快全面建设小康社会的步伐。

65. 什么是职业培训?

职业培训，是指为培养和提高职工从事各种职业所需要的知识和技能而进行的教育和训练，也称职业教育。它是直接为适应经济和社会发展的需要，对要求就业和在职职工以培养和提高素质及职业能力为目的的教育和训练活动。

66. 国家有哪些部门为农民工提供职业培训?

为农民工提供培训的国家部门有：农业部门举办的各种类型的培训班和中央农业广播电视学校；劳动保障部门举办的技工学校和职业技能培训班；教育部门所属的中等职业学校、乡镇成人文化技术学校；待业主管部门和社会举办的职业学校及各种类型的职业培训班。

以案释法 ⑬

企业安全生产培训期间不可扣发农民工工资

【案例介绍】2013年8月，某市泽林镇一名农民工被某加工企业录用，上班那天，企业人事主管说要进行为期15天的安全生产业务培训，并要交200元培训费，可以从第一个月工资里扣除。结果厂方在发工资时真的扣除了200元。该职工向劳动监察部门反映后，劳动监察支队勒令厂方全额退还给了职工。

【以案释法】劳动法第三条规定，劳动者享有接受职业技能培训的权利。该法第六十八条规定，用人单位应当建立职业培训制度，按照国家规定提取和使用职业培训经费，根据本单位实际，有计划地对劳动者进行职业培训。从事技术工种的劳动者，上岗前必须经过培训。

67. 农民工进城务工前应接受哪些方面的培训？

农民工进城务工前培训的内容十分丰富，可以归纳为以下三方面：（1）基本技能和技术操作规程的培训。包括不同行业、不同工种、不同岗位的技能培训，如车工、电工、装饰装修工、花卉园艺工、护理工、厨师、家用电子产品维修工等。（2）政策、法律法规知识培训。如劳动法、合同法、职业病防治法、治安管理处罚法等，增强务工者遵纪守法和利用法律保护自身权益的意识。（3）安全常识和公民道德规范培训。如劳动安全、交通安全及公共道德、职业道德、城镇生活常识等，增强务工者适应城镇生活的能力，养成良好的公民道德意识。

68. 农民工培训的主要途径有哪些？

（1）县、乡镇劳动服务机构举办的培训班。这些培训班的培训内容和就业去向一般具有针对性，有些是和招工单位联合进行的，培训结束后就可走上工作岗位。（2）职业高中、技校、夜校和农业广播电视学校等专门的职业培训学校。诸如烹饪学校、驾驶学校、计算机培训学校、家电修理培训班等。这些学校专门从事各类专业的技能培训活动，具有较完善的办学设施、较强的师资力量，既可以学到较系统的知识，也可以在短时间内掌握一定的技术，是目前进城务工农民获得有关专业技能的重要渠道。（3）电视学校或网络学校的培训。我们所处的时代是信息时代，电视、广播和网络给人们带来了大量的信息，是现代人们获得知识和技能的重要途径，被称为远程教育。目前国家通过远程教育开设了上百个可供选择的专业，越来越成为当代农村青年获得进城务工知识与技能的重要途径。

69. 用人单位是否应当对农民工进行职业培训？

根据我国职业教育法规定，企业应当根据本单位的实际，有计划地对本单位的职工和准备录用的人员实施职业教育。企业可以单独举办或者联合举办职业学校、职业培训机构，也可以委托学校、职业培训机构对本单位的职工和准备录用的人员实施职业教育。从事技术工种的职工，上岗前必须经过培训；从事特种作业的职工必须经过培训，并取得特种作业资格。

70. 什么是职业介绍机构？职业介绍机构有几种类型？

城市都有专门的职业介绍机构，一般叫“职业介绍中心”，或者叫“职业介绍所”，也有叫“劳动力市场”的。职业介绍机构是用人单位和劳动者之间的“桥梁”，一方面为劳动者介绍工作，一方面为用人单位招聘劳动者。

职业介绍机构主要有三种类型：第一种是公共性职业介绍机构，第二种是非营利性职业介绍机构，第三种是营利性职业介绍机构。（1）公共性职业介绍机构。这是由各级劳动保障部门举办的、承担就业服务职能的公益性服务机构，使用全国统一的红色标志，无论是对城市劳动者还是对进城求职的农村劳动者都实行免费服务。（2）非营利性职业介绍机构。这是由其他政府部门、企事业单位、社会团体和其他社会力量举办的，从事非营利性职业介绍的服务机构。这类机构收取少量费用。（3）营利性职业介绍机构。这是由法人单位、其他社会组织和个人举办的，从事营利性活动的职业介绍的机构。

以案释法 ⑭

谨防非法中介设用工陷阱骗钱

【案例介绍】张某节后来大连找工作，在某处看了一则招聘广告，上面写到：“招聘装卸工，月薪1500元”，在报名时对方要求交了150元服装费和50元的押金，但是并没有签劳动合同。虽然活儿很快就分配了，但是3天后，他发现工作时间太长了，还跑了一次长途，连睡觉的时间都没有。于是提出不干了，向对方要求返钱的时候，对方声称是他先违约，不给退钱。

【以案释法】街头小广告往往会把工作待遇吹嘘得天花乱坠，许多人没有经验轻信了广告上宣传的内容。应聘后发现接到的工作是“不可完成的任务”，与广告上宣传的相差甚远，待遇更别提了。

71. 公共性职业介绍机构为求职人员提供哪些方面的服务？

由劳动和社会保障部门举办的公共性职业介绍机构，一般都设立了信息咨询、供求登记、职业指导、职业介绍、就业培训、社会保障、合同鉴证、劳动监察等“一条龙”服务区。还配备了触摸式多媒体电脑和大屏幕电子显示屏。如果你对职业介绍机构的服务业务还不了解，可以利用触摸式多媒体电脑，了解有关服务的项目，按照规定的程序找工作人员，请他们提供帮助。

72. 对农民工的职业指导工作主要包括哪些内容？

《就业服务与就业管理规定》第二十八条规定，职业指导工作包括以下内容：(1) 向劳动者和用人单位提供国家有关劳动保障的法律法规和政策、人力资源市场状况咨询；(2) 帮助劳动者了解职业状况，掌握求职方法，确定择业方向，增强择业能力；(3) 向劳动者提出培训建议，为其提供职业培训相关信息；(4) 开展对劳动者个人职业素质和特点的测试，并对其职业能力进行评价；(5) 对妇女、残疾人、少数民族人员及退出现役的军人等就业群体提供专门的职业指导服务；(6) 对大中专学校、职业院校、技工学校学生的职业指导工作提供咨询和服务；(7) 对准备从事个体劳动或开办私营企业的劳动者提供创业咨询服务；(8) 为用人单位提供选择招聘方法、确定用人条件和标准等方面的招聘用人指导；(9) 为职业培训机构确立培训方向和专业设置等提供咨询参考。

73. 农民工到公共职业介绍机构求职有哪些程序？

城市各级公共职业介绍机构免费向进城就业农民开放，并免费提供就业信息和政策咨询，对登记求职的农民工免费提供职业指导和职业介绍服务。到政府部门举办的公共职业介绍机构或社会职业介绍机构寻找工作，一般经过如下程序：(1) 办理求职登记。办理时需要提交自己的学历证明、职业资格证书、技能上岗证书等。(2) 填写求职登记表。可先向职业介绍机构的工作人员进行政策咨询，接受职业指导，明确自己的求职方向后，再填写求职登记表。(3) 推荐就业。职业介绍机构根据用人单位的需求信息，结合求职者的具体情况，向用人单位进行推荐。(4) 面试。求职者持职业介绍机构开具的推荐信，到用人单位面试。用人单位和求职者相互满意，即可签订劳动合同。

74. 农民工如何学习技能，使自己有一技之长？

每一项工作都有其特定的技能和要求，如木工、瓦工、钳工；汽车驾驶、计算机操作、家电修理；家政服务、商品推销、摆摊售货等。学习技能可通过下列途径：(1) 学习传统技艺。学习传统技艺有些要靠师傅带徒弟的方式，有些则是从父辈那里耳濡目染学到的。作为农村有志青年要善于发现和利用民间传统工艺和传统产品的价值，这不仅可以使自己掌握一技之长，有助于就业，也使地方传统文化在新的形势下得到继承和发展。(2) 向有经验、有技术的人学习，拜他们为师，尤其是当地曾经进城务工，而且比较成功的人。他们知道进入城镇会遇到什么问题，什么样的技术在城镇是最需要的，也因为他们曾经在城镇工作过，积累了一些技术和经验，所以，向他们学习是最有效率的。(3) 参加职业学校的培训。学校教育是现代社会获得一技之长的最重要的途径。你可以从各种各样的职业技术学校或技术培训机构，有针对性地学习计算机、修理、美容、烹饪、服装、销售等技术。参加职业技术培训不仅能学到技能，还可以获得一些就业信息。需要指出的是，一技之长并非一朝一夕能完成的，需要努力学习和长期的积累。

75. 农民工找工作有哪些方法和技巧？

找工作要掌握正确的方法和技巧，做到事半功倍，具体方法如下：

(1) 了解自己。包括了解自己的知识、技能、性格、爱好以及身体状况等。找工作之前，必须先对自己有全面的认识，要知道自己适合做哪方面的工作，不适合做哪方面的工作。找工作不能眼高手低，明明自己不能做的工作却偏要做，结果必然遇到挫折。(2) 了解选择的职业和行业。了解职业岗位的工作内容、工作性质和对从业者素质的要求。可以向亲朋好友中做过相关工作的人了解有关情况，也可以向从事这方面工作的其他人请教，他们经验丰富，体会深刻，能给你提供具有指导意义的信息。他们工作过程中的失败教训，使你少走弯路，而他们的成功经验又是你可以借鉴的。(3) 自我推荐。在了解自己和了解工作的基础上就开始求职了。求职就是寻找和得到工作的过程，通常包括获得用人的信息、争取面试、谈话、签约等环节。找工作就像推销商品一样，要让顾客买你的产品，你必须告诉对方，你的商品有何特点，价格怎样公道。同样，找工作也要围绕着“我是做好这份工作最合适的人选”这样一个中心来展开。学会推销自己，才会得到他人的认可和录用。

76. 农民工找工作应该注意哪些问题？

找工作要考虑的因素有很多，如：准备去哪座城镇？适合去南方还是北方？因为不同的地方有不同的气候、饮食、语言等。一个在南方长大的人也许不习惯北方的天寒地冻；患有风湿性关节炎的人，就不宜到空气潮湿的环境里工作。除此之外，找工作还要注意以下一些具体情况：（1）要了解你想做的工作是不是已经“人满为患”。如果有许多人都要从事这种工作，在这个行业或职业上劳动力的供给远远大于需求，那么即使你费了很大的力气，因竞争激烈，可能也得不到这个工作。（2）要注意所选的行业有什么规范。许多行业有自己的工作习惯、行业用语和一些行业忌讳，不了解这些就可能成为就业的障碍。（3）如果想进城从事个体经营，还应懂得国家的有关规定，懂得如何取得营业资格和营业执照、如何纳税等程序，了解经营范围和经营方式。（4）不要根据他人的好恶或评价选择工作。每种行业或工作因为性质不同，在人们心目中的地位也不一样，难免在人的心目中有高低贵贱之分。找工作不要受他人评价的影响。俗话说“行行出状元”，无论哪种工作，只要符合自身的条件对自己来说便是好工作。（5）要学会用法律保护自己。有少数个体经营者采取拖欠工资、谎称赔本等手段拒绝支付劳动报酬，骗取劳动力，甚至欺辱女工的现象也时有发生。所以，进城务工的朋友必须熟悉有关的法律、法规，防止受骗，学会用法律保护自己。

以案释法⑮

单位不能向求职者收取押金

【案情介绍】小陈进入某酒店工作前，被酒店以服装费的名义收取了600元。两个月后，小陈提出辞职并要求结算工资和退还服装费，但酒店方面表示，只有做满一年才可以退服装费。小陈向当地的劳动部门投诉。劳动监察机构经过调查处理，认为该酒店确实存在以服装费的名义收取劳动者押金问题，于是责令该酒店退还小陈押金。

【以案释法】用人单位不能要求劳动者提供担保或以其他名义收取财物。相关法律规定，用人单位违反本法规定，以担保或者其他名义向劳动者收取财物的，由劳动行政部门责令限期退还劳动者本人，并以每人五百元以上二千元以下的标准处以罚款；给劳动者造成损害的，应当承担赔偿责任。

五、劳动合同

77. 什么是劳动合同？为什么要签订劳动合同？

劳动合同是劳动者与用人单位确立劳动关系，明确双方权利和义务的协议，是劳动者与用人单位依据法律规定建立劳动关系的书面法律凭证。劳动合同也是稳定劳动关系、用人单位强化劳动管理、劳动者保障自身权益、双方处理争议的重要依据。签订劳动合同主要有以下三个方面的重要作用：（1）签订劳动合同可以强化用人单位和劳动者双方的守法意识。以劳动的形式明确劳动者和用人单位双方的权利和义务，双方之间就有了一个具有法律约束力的协议。在劳动过程中，用人单位依据劳动合同管理职工，行使权利和履行义务；职工也依据劳动合同保护自身的权益、履行相应的义务。（2）签订劳动合同可以有效地维护用人单位与劳动者双方的合法权益。劳动合同都要规定一定的期限，在合同期内，用人单位和劳动者都不能随意解除劳动合同。合同期满后，用人单位和劳动者可以就是否续签合同等重新进行协商，这就保持了用人单位用人和劳动者求职的灵活性。（3）签订劳动合同有利于及时处理劳动争议，维护劳动者的合法权益。如果没有劳动合同，劳动者可能会在工资收入、工作时间长短、工作条件等方面与用人单位发生争议时，由于没有证据而遭受损失。

78. 订立劳动合同的基本原则是什么？

根据劳动合同法第三条的规定，订立劳动合同，应当遵循合法、公平、平等自愿、协商一致、诚实信用的原则。

79. 劳动合同包括哪些必备条款？

根据劳动合同法第十七条的规定，劳动合同必须具备以下条款：（1）用人单位的名称、住所和法定代表人或者主要负责人；（2）劳动者的姓名、住址和居民身份证或者其他有效身份证件号码；（3）劳动合同期限；（4）工作内容和工作地点；（5）工作时间和休息休假；（6）劳动报酬；（7）社会保险；（8）劳动保护、劳动条件和职业危害防护；（9）法律、法规规定应当纳入劳动合同的其他事项。

劳动合同除必备条款外，用人单位与劳动者还可以约定试用期、培训、保守秘密、补充保险和福利待遇等其他事项。

80. 农民工与用人单位签订劳动合同要注意哪些问题？

对进城就业的农民工而言，签订劳动合同是维护自身权益的重要手段。如果用人单位没有与农民工签订劳动合同，农民工一定要主动提出签订书面劳动合同；如果用人单位执意不肯签，农民工可以向当地劳动保障行政部门反映情况，由劳动保障行政部门督促其签订。在签订劳动合同时农民工要注意以下问题：（1）劳动合同中必须明确规定劳动合同期限、工作内容和工作时间、劳动保护和劳动条件、劳动报酬、劳动纪律和违反劳动合同的责任等内容。农民工在签订劳动合同时，对以上各条要做到尽可能详细、具体，比如劳动报酬，一定要写明工资支付标准、支付项目、支付形式以及支付时间等内容，以便将来发生劳动争议时能够有效维护自己的合法权益。（2）签订劳动合同前，要仔细阅读关于相关岗位的工作说明书、劳动纪律、工资支付规定、劳动合同管理细则等规章制度，因为这些文件涉及农民工多方面的权益，当这些文件作为劳动合同附件时，与劳动合同具有同样的法律约束力。（3）劳动合同至少一式两份，双方各执一份，农民工应妥善保管。如果用人单位事先起草了劳动合同文本，农民工在签字时一定要慎重，对文本仔细推敲，发现条款表述不清、概念模糊的，及时要求用人单位进行说明修订。为稳妥起见，农民工在签订劳动合同前，也可以向有关部门或公共职业介绍机构进行咨询，确认合同相关内容的合法性、公平性。需要特别注意的是，当劳动合同涉及数字时，应当使用大写汉字。

以案释法 16

试用期已满用人单位能否随便解除劳动合同

【案情介绍】2010年5月，某商场招工，招工启事上写明，应聘者文化程度要在高中以上。5月20日王某被该商场录用，并签订了为期3年的劳动合同，合同约定试用期为3个月。2010年8月19日，商场人事部门通知王某试用期已满，要与她解除劳动合同，理由是她的高中文凭是农村高中文凭，不符合录用条件。王某认为，自己在入职时商场并未对文凭提出异议，此时以该理由与自己解除劳动合同不合情理，要求商场继续履行合同。

【以案释法】劳动合同法第二十一条规定，在试用期中，除劳动合同法规定的特殊情形外，用人单位不得解除劳动合同。用人单位在试用期解除劳动合同的，应当向劳动者说明理由。

劳动合同法第三十九条规定，劳动者有下列情形之一的，用人单位可以解除劳动合同：（1）在试用期间被证明不符合录用条件的；（2）严重违反用人单位的规章制度的；（3）严重失职，营私舞弊，给用人单位造成重大损害的；（4）劳动者同时与其他用人单位建立劳动关系，对完成本单位的工作任务造成严重影响，或者经用人单位提出，拒不改正的；（5）因有欺诈、胁迫的手段或者乘人之危，使对方在违背真实意思的情况下订立或者变更劳动合同的情形致使劳动合同无效的情形的；（6）被依法追究刑事责任的。

劳动合同法第四十条规定，有下列情形之一的，用人单位提前三十日以书面形式通知劳动者本人或者额外支付劳动者一个月工资后，可以解除劳动合同：（1）劳动者患病或者非因工负伤，在规定的医疗期满后不能从事原工作，也不能从事由用人单位另行安排的工作的；（2）劳动者不能胜任工作，经过培训或者调整工作岗位，仍不能胜任工作的；（3）劳动合同订立时所依据的客观情况发生重大变化，致使劳动合同无法履行，经用人单位与劳动者协商，未能就变更劳动合同内容达成协议的。

本案中，王某并不存在劳动合同法中规定的情形。至于商场提出的王某的高中学历是农村高中学历不符合录用条件，没有法律依据。农村高中的毕业证书与城市高中的毕业证书效力相同，同属于国家承认的普通高中学历。况且商场在王某入职时并未对她的学历提出异议，因此，解除合同的行为是违法的，王某可以要求商场继续履行合同。

81. 农民工找到的工作如果是临时工，是否可以签订劳动合同？

劳动法实施后，所有用人单位与职工全面实行劳动合同制度，各类职工享有的权利是平等的，过去意义上相对于正式职工而言的临时工名称已经没有了。用人单位即使在临时性岗位上用工，也应当与劳动者签订劳动合同，并依法为其建立各种社会保险，使其享有有关的福利待遇，但在劳动合同期限上可以有所区别。

82. 农民工作为个体工商户的雇工是否可以签订劳动合同？

国家有关部门规定，私营企业和请帮手带学徒的个体工商户，均应通过签订劳动合同与劳动者建立劳动关系。对故意不实行劳动合同制度的私营企业和个体工商户，要依照劳动法、劳动合同法和有关规定追究其法律责任。个体工商户不与劳动者签订劳动合同的行为是违法的。个体工商户雇用的劳动者可以依法主张权利，维护自己的合法权益，向劳动监察部门举报，劳动监察部门将按照劳动法、劳动合同法等规定予以查处。

83. 如果用人单位不签劳动合同，农民工怎么办？

劳动合同法规定，建立劳动关系，应当订立书面劳动合同，已建立劳动关系，未同时订立书面劳动合同的，应当自用工之日起一个月内订立书面劳动合同；用人单位自用工之日起满一年不与劳动者订立书面劳动合同的，视为用人单位与劳动者已订立无固定期限劳动合同；用人单位自用工之日起超过一个月不满一年未与劳动者订立书面劳动合同的，应当向劳动者每月支付二倍的工资。

因此，用人单位不签劳动合同，农民工可以根据以上法律的规定，要求用人单位签订合同，或者向工会和有关部门反映，督促用人单位签订劳动合同；已经建立劳动关系的农民工还可以通过劳动仲裁、诉讼等手段，要求用人单位赔偿损失。

84. 农民工在就业时怎样才能避免劳动合同陷阱？

劳动合同就像是劳动者的护身符。然而，在现实生活中还是有不少用人单位在与劳动者签订劳动合同时，采取欺诈、胁迫等手段设置种种职业陷阱，严重侵犯了劳动者的合法权益。对此，农民工一定要提高警惕，以免上当受骗。这些设有职业陷阱的合同主要有以下五种：（1）暗箱合同。这类合同中的权利和义务一边倒。有些企业与劳动者签订合同时，多采用已经写好了条款的格式合同，根本不与劳动者协商，不向劳动者讲明合同内容。在合同中，只从企业的利益出发规定用工单位的权利和劳动者的义务，而很少或者根本不规定用工单位的义务和劳动者权利。（2）霸王合同。这类合同一般是以给劳动者或其亲友造成财产或人身损失相威胁，迫使对方在违背真实意愿的情况下所签订的合同。如今仍有不少用人单位利用劳动者求职心切的心理，向劳动者收取押金、风险金、培训费、保证金等各种名目且数额不等的金钱，劳动者稍有违反管理的行为，用人单位即“合法”扣留这部分押金。（3）生死合同。部分用人单位不按劳动法的有关规定履行安全卫生义务，妄图以与劳动者约定“工伤概不负责”之类的条款逃避责任。这类约定是违反劳动法的，即使已经写进合同里，双方已经签字，也是无效的。签订这类合同的主要是建筑、采石等从事高度危险作业的单位，这类企业劳动保护条件差、隐患多、设施不全，生产中极易发生伤亡事故。（4）“卖身”合同。具体表现在一些用人单位与劳动者在合同中约定，劳动者一切行动听从用人单位安排，一旦签订合同，劳动者就如同“卖身”一样完全失去行动自由。在工作中，加班加点，被强迫劳动，有的单位连吃饭、穿衣、上厕所都规定了严格的时间，剥夺了劳动者的休息权、休假权，甚至任意侮辱、体罚、殴打和拘禁劳动者。（5）双面合同（或称阴阳合同）。一些用人单位在与劳动者签订合同的时候，准备了至少两份合同。一份是假的合同，内容是按照劳动部门制定的要求签订，用以对外应付有关部门的检查，但在劳动过程中并不实际执行；一份为真的合同，是用人单位从自身利益出发拟定的违法合同，合同规定的权利义务极不平等，对内用来约束劳动者的言行，对外则是为钻法律的空子。

85. 什么是无效劳动合同？农民工签订了无效劳动合同该怎么办？

无效劳动合同是指劳动者与用人单位订立的，因违反法律规定，不能产生法律效力的劳动合同。根据劳动合同法第二十六条的规定，下列劳动合同无效或者部分无效：（1）以欺诈、胁迫的手段或者乘人之危，使对方在违背真实意思的情况下订立或者变更劳动合同的；（2）用人单位免除自己的法定责任、排除劳动者权利的；（3）违反法律、行政法规强制性规定的。对劳动合同的无效或者部分无效有争议的，农民工可以请求劳动争议仲裁机构或者人民法院确认。劳动合同部分无效，不影响其他部分效力的，其他部分仍然有效。劳动合同被确认无效，农民工已付出劳动的，有权要求用人单位支付劳动报酬，劳动报酬的数额，参照本单位相同或者相近岗位劳动者的劳动报酬确定；受到损害的，还可以要求用人单位承担赔偿责任。

86. 用人单位在哪些情况下可以解除劳动合同？

劳动合同的解除是指劳动合同订立以后，由于某种法定或约定的事由，导致一方或双方提前解除劳动关系。根据劳动合同法第三十九条的规定，劳动者有下列情形之一的，用人单位可以解除劳动合同：（1）在试用期间被证明不符合录用条件的；

（2）严重违反用人单位的规章制度的；（3）严重失职，营私舞弊，给用人单位造成重大损害的；（4）劳动者同时与其他用人单位建立劳动关系，对完成本单位的工作任务造成严重影响，或者经用人单位提出，拒不改正的；（5）以欺诈、胁迫的手段或者乘人之危，使对方在违背真实意思的情况下订立或者变更劳动合同致使劳动合同无效的；（6）被依法追究刑事责任的。

根据劳动合同法第四十条的规定，有下列情形之一的，用人单位提前三十日以书面形式通知劳动者本人或者额外支付劳动者一个月工资后，可以解除劳动合同：（1）劳动者患病或者非因工负伤，在规定的医疗期满后不能从事原工作，也不能从事由用人单位另行安排的工作的；（2）劳动者不能胜任工作，经过培训或者调整工作岗位，仍不能胜任工作的；（3）劳动合同订立时所依据的客观情况发生重大变化，致使劳动合同无法履行，经用人单位与劳动者协商，未能就变更劳动合同内容达成协议的。

根据劳动合同法第四十一条的规定，有下列情形之一，需要裁减人员二十人以上或者裁减不足二十人但占企业职工总数百分之十以上的，用人单位提前三十日向工会或者全体职工说明情况，听取工会或者职工的意见后，裁减人员方案经向劳动行政部门报告，可以裁减人员：（1）依照企业破产法规定进行重整的；（2）生产经营发生严重困难的；（3）企业转产、重大技术革新或者经营方式调整，经变更劳动合同后，仍需裁减人员的；（4）其他因劳动合同订立时所依据的客观经济情况发生重大变化，致使劳动合同无法履行的。

以案释法 17

农民工解除合同需要支付违约金吗？

【案情介绍】某制衣厂到农村招用了一批合同制工人。李某是被招用人员之一，于2010年3月与制衣厂签订了为期3年的劳动合同。合同规定："李某每天工作10小时；由于李某是农民工，每小时工资10元（城镇职工平均每小时15元）；工作期间李某因病、因工或非因工负伤，医疗费均自行承担，厂方概不负责；李某如果要提前解除劳动合同，要支付2万元的违约金。"李某劳动的场所没有通风设施，照明条件很差，劳动条件恶劣。厂方经常让工人加班，从不征求工人意见。2010年12月，李某以用人单位劳动条件恶劣和工资太低为由，要求解除劳动合同。制衣厂不同意，提出李某若要解除劳动合同，须按合同约定向厂方支付2万元的违约金。

劳动争议仲裁委员会经审理后认为，李某与制衣厂签订的劳动合同因内容违法而无效，驳回制衣厂要求李某支付2万元违约金的要求，责令制衣厂按每小时15元支付工资并依法计发加班工资。

【以案释法】劳动合同法第二十五条明确规定，除特殊规定的情形外，用人单位不得与劳动者约定由劳动者承担违约金，即用人单位为劳动者提供了专项培训费用并约定了服务期，劳动者违反服务期的，以及负有保密义务的劳动者违反约定的情形。很显然，李某与制衣厂的劳动关系并不属于这两种情形，因此合同中由李某承担2万元违约金的条款违反了法律的强制性规定，是无效的。李某根本不需支付违约金。此外，制衣厂与李某签订的合同中约定的因李某是农民工给予其低于城镇职工的平均工资，违反了劳动合同法中“同工同酬”的规定；约定的每天工作10小时，违反了《国务院关于职工工作时间的规定》中“职工每日工作8小时、每周工作40小时”的规定。因此，制衣厂应按照与城镇职工相同的标准即每小时15元支付李某的工资，并且每日多干的2小时按照加班工资标准支付。根据劳动法的相关规定，安排劳动者延长工作时间的，支付不低于工资的150%的工资报酬，制衣厂应支付李某的加班工资为每小时22元。

87. 用人单位在哪些情况下不能解除劳动合同？

根据劳动合同法第四十二条规定，劳动者有下列情形之一的，用人单位不得依照劳动合同法的相关规定解除劳动合同：（1）从事接触职业病危害作业的劳动者未进行离岗前职业健康检查，或者疑似职业病病人在诊断或者医学观察期间的；（2）在本单位患职业病或者因工负伤并被确认丧失或者部分丧失劳动能力的；（3）患病或者非因工负伤，在规定的医疗期内的；（4）女职工在孕期、产期、哺乳期的；（5）在本单位连续工作满十五年，且距法定退休年龄不足五年的；（6）法律、行政法规规定的其他情形。

88. 农民工本人可以向用人单位提出解除劳动合同吗？

根据劳动合同法的相关规定，农民工可以向用人单位提出解除劳动合同。具体途径有：（1）农民工与用人单位协商一致，可以解除劳动合同。（2）农民工提前三十日以书面形式通知用人单位，或者在试用期内提前三日通知用人单位，可以解除劳动合同。（3）用人单位有下列情形之一的，农民工可以解除劳动合同：①未按照劳动合同约定提供劳动保护或者劳动条件的；②未及时足额支付劳动报酬的；③未依法为劳动者缴纳社会保险费的；④用人单位的规章制度违反法律、法规的规定，损害劳动者权益的；⑤以欺诈、胁迫的手段或者乘人之危，使对方在违背真实意思的情况下订立或者变更合同致使劳动合同无效的；⑥法律、行政法规规定劳动者可以解除劳动合同的其他情形。（4）用人单位以暴力、威胁或者非法限制人身自由的手段强迫农民工劳动，或者用人单位违章指挥、强令冒险作业危及农民工人身安全的，农民工可以立即解除劳动合同，不需事先告知用人单位。

89. 用人单位解除劳动合同，农民工可以获得赔偿吗？

用人单位解除劳动合同，有下列情形之一的，应当向劳动者支付经济补偿：（1）用人单位向劳动者提出解除劳动合同，并与劳动者协商一致解除劳动合同的；（2）用人单位依据劳动合同法的相关规定解除劳动合同的；（3）除用人单位维持或者提高劳动合同约定条件续订劳动合同，劳动者不同意续订的情形外，劳动期满用人单位终止固定期限劳动合同的。

经济补偿按劳动者在本单位工作的年限，每满一年支付一个月工资的标准向劳动者支付；六个月以上不满一年的，按一年计算；不满六个月的，向劳动者支付半个月工资的经济补偿。用人单位违反劳动合同法规定解除或者终止劳动合同，劳动者不要求继续履行劳动合同或者劳动合同已经不能继续履行的，用人单位应当依照上述经济补偿标准的二倍向劳动者支付赔偿金。

90. 劳动合同中约定的试用期是多长？怎样提防试用期陷阱？

根据劳动合同法第十九条的规定，劳动合同期限三个月以上不满一年的，试用期不得超过一个月；劳动合同期限一年以上不满三年的，试用期不得超过两个月；三年以上固定期限和无固定期限的劳动合同，试用期不得超过六个月。同一用人单位与同一劳动者只能约定一次试用期。以完成一定工作任务为期限的劳动合同或者劳动合同期限不满三个月的，不得约定试用期。试用期包含在劳动合同期限内。劳动合同仅约定试用期的，试用期不成立，该期限为劳动合同期限。

如今一些用人单位为降低人工成本，大量雇用短期临时工，且不签订劳动合同，待三个月试用期满，就以各种各样的借口予以辞退。如果对法律规定不了解的话，很可能会吃“哑巴亏”。农民工作为劳动者应该知道，当你和用人单位已经实际履行劳动权利和义务时，双方的劳动关系已经建立，双方的权利义务受到法律保护。同时，只有签订劳动合同时，双方才可以约定试用期，而不是在试用期满后才签订劳动合同。

六、工作时间与工资

91. 什么是劳动者标准工作时间？

根据国家有关规定，我国目前实行职工每天工作八小时，每周工作四十小时的标准工时制度。因工作性质或者生产特点的限制，不能实行每日工作八小时，每周工作四十小时标准工时制度的，按照国家有关规定，可以实行其他工作和休息办法（主要指不定时工作制和综合计算工时工作制）。

国家机关、事业单位实行统一的工作时间，星期六和星期日为周休息日。企业或不能实行统一工作时间的事业单位，可以根据实际情况灵活安排周休息日。

92. 国家法定的节假日有哪些？

根据国务院《全国年节及纪念日放假办法》的规定，我国法定节假日包括三类：第一类是全体公民放假的节日，包括：新年（1月1日放假1天）、春节（农历正月初一、初二、初三放假3天）、清明节（农历清明当日放假1天）、劳动节（5月1日放假1天）、端午节（农历端午当日放假1天）、中秋节（农历中秋当日放假1天）和国庆节（10月1日、2日、3日放假3天）。第二类是部分公民放假的节日及纪念日，包括：妇女节（3月8日妇女放假半天）、青年节（5月4日14周岁以上的青年放假半天）等。第三类是少数民族习惯的节日，具体节日由各少数民族聚居地区的地方人民政府，按照各地民族习惯，规定放假日期。

93. 延长工作时间怎样计算工资？

劳动法第四十四条规定，有下列情形之一的，用人单位应当按照下列标准支付高于劳动者正常工作时间工资的报酬：（1）安排劳动者延长工作时间的，支付不低于工资的150%的工资报酬；（2）休息日安排劳动者工作又不能安排补休的，支付不低于工资的200%的工资报酬；（3）法定休假日安排劳动者工作的，支付不低于工资的300%的工资报酬。

实行计件工资制的企业也应该按规定支付加班费。根据工资支付暂行规定的相关规定，已实行计件工资的劳动者，在完成计件定额任务后，由用人单位安排延长工作时间的，应根据上述规定的原则，分别按照不低于其本人法定工作时间计件单价的150%、200%、300%支付其工资。需要注意的是，实行不定时工时制度的劳动者，不执行上述规定。

以案释法⑱

加班工资如何计算

【案情介绍】李某系外省人，于2014年4月来到天姿服装厂务工，与企业签订了一年的劳动合同。在上班期间，因服装销路较好，所以加班较多，不过加班时间尚在劳动法规定的范围之内。对于加班费，厂方说等到合同期满时与他一次性结清。2015年4月，李某与天姿服装厂的劳动合同到期，厂方如约给他结算加班费，支付标准为每加班1小时2元，每加班1天为16元。李某认为加班费标准过低，多次与厂方交涉没有结果。另查，合同约定李某每月工资为645元。李某1年中加班时间总计为正常工作日加班200小时，休息日加班24天，法定休假节日加班4天。2015年7月，李某来到市劳动争议仲裁委员会申请仲裁，称天姿服装厂支付其加班费标准过低，自己多次与厂方交涉，但厂方置之不理，请求仲裁委员会裁决服装厂按法律规定的标准向其支付加班费。

仲裁委员会经审理后，依法作出如下裁决：天姿服装厂支付李某正常工作时8小时以外加班费200小时×5.63/小时，即1126元；休息日加班费60/天×24天，即1440元；法定休假节日加班费90/天×4天即360元，总计2926元人民币。

【以案释法】劳动法第四十四条规定，有下列情形之一的，用人单位应当按照下列标准支付高于劳动者正常工作时间工资的工资报酬：（1）安排劳动者延长工作时间的，支付不低于工资的150%的工资报酬；（2）休息日安排劳动者劳动又不能安排补休的，支付不低于工资的200%的工资报酬；（3）法定休假日安排劳动者工作的，支付不低于工资的300%的工资报酬。

劳动法第八十五条规定："用人单位有下列情形之一的，由劳动行政部门责令限期支付劳动报酬、加班费或者经济补偿；劳动报酬低于当地最低工资标准的，应当支付其差额部分；逾期不支付的，责令用人单位按应付金额百分之五十以上百分之一百以下的标准向劳动者加付赔偿金：（一）未按照劳动合同的约定或者国家规定及时足额支付劳动者劳动报酬的；（二）低于当地最低工资标准支付劳动者工资的；（三）安排加班不支付加班费的。"

关于劳动者日工资和小时工资的折算问题，根据法律法规的规定，劳动者日工资可统一按劳动者本人的月工资标准除以每月制度工作天数进行计算，小时工资在日工资基础上除以每日的制度工时数即8小时，每周工作时间40小时的规定，每月制度工时天数为21.5天则其日工资应为30元，小时工资为3.75元。天姿服装厂支付李某的加班工资标准显然过低。根据劳动法和工资支付暂行规定，天姿服装厂在正常工作日8小时以外安排李某加班，应按不低于其小时工资标准150%（即5.63元）支付加班费；在休息日安排工作又不能补休的，按照不低于其小时或日工资标准的200%即7.5元/小时或60元/天支付加班费；在法定休假节日工作的，应按照不低于其小时或日工资标准的300%即11.25元/小时或90元/天支付加班费。

94. 国家对职工病假有什么规定？

根据企业职工患病或非因工负伤医疗期规定的相关规定，任何企业职工因患病或非因工负伤，需要停止工作医疗时，企业应该根据职工本人实际参加工作年限和在本单位工作年限，给予一定的病假假期。具体标准是：

职工实际工作年限十年以下的，在本单位工作年限五年以下的为三个月；五年以上的为六个月；实际工作年限十年以上的，在本单位工作年限五年以下的为六个月；五年以上十年以下的为九个月；十年以上十五年以下的为十二个月；十五年以上二十年以下的为十八个月；二十年以上的为二十四个月。

医疗期三个月的按六个月内累计病休时间计算；六个月的按十二个月内累计病休时间计算；九个月的按十五个月内累计病休时间计算；十二个月的按十八个月内累计病休时间计算；十八个月的按二十四个月内累计病休时间计算；二十四个月的按三十个月内累计病休时间计算。

根据国家有关规定，企业职工非因工致残和经医生或医疗机构认定患有难以治疗的疾病，在医疗期内医疗终结，不能从事原工作，也不能从事用人单位另行安排工作的，应当由劳动鉴定委员会参照工伤与职业病致残程度鉴定标准进行劳动能力的鉴定。被鉴定为一至四级的，应当退出劳动岗位，终止劳动关系，办理退休、退职手续，享受退休、退职待遇；被鉴定为五至十级的，医疗期内不得解除劳动合同。

此外，女性农民工还依法享有女职工产假，依法参加社会活动请假等权利。

95. 哪些情况下，农民工有权要求缩短工作时间？

缩短工作时间是指法律规定的在特殊情况下职工的工作时间长度少于标准工作时间的工时制度，即每日工作少于八小时。缩短工作时间适用于以下情形：（1）从事矿山井下、高温、有毒有害、特别繁重或过度紧张等作业的职工；（2）从事夜班工作的职工；（3）哺乳期内的女职工。

96. 用人单位是否可以延长劳动时间？最长不得超过多少小时？

延长工作时间是指根据法律的规定，在标准工作时间之外延长职工的工作时间。用人单位由于生产经营需要，经与工会和务工者协商后可以延长工作时间，一般每天不得超过1小时；因特殊原因需要延长工作时间的，在保障务工者身体健康的条件下，每天不得超过3小时，每月累计不得超过36小时。如果超过这一限度，就是违法行为，应当承担相应的法律责任。

但是，当出现可能危害国家、集体和人民生命财产安全的紧急事件时，用人单位可以直接决定延长工作时间，延长工作时间的长短根据需要而定，不受限制，并且不需要和工会及务工者协商。这些情况是：（1）发生自然灾害、事故或者其他原因，威胁劳动者生命健康和财产安全需要紧急处理的，例如地震、洪水、抢险、交通事故等；（2）生产设备、交通运输线路、公共设施发生故障，影响生产和公众利益，必须及时抢修的，例如自来水管道、下水管道、煤气管道泄露或堵塞的；（3）必须利用法定节日或公休假日的停产期间进行设备保修保养的，以及为了完成国防紧急生产任务以及国家下达的其他紧急生产任务延长工作时间的，务工者都不得拒绝；（4）法律和行政法规规定的其他情形。

97. 农民工可以拒绝加班吗？

劳动部《关于贯彻执行〈中华人民共和国劳动法〉若干问题的意见》第七十一条规定，企业确因生产经营需要，必须延长工作时间的，应与工会和劳动者协商。协商后，企业可以在劳动法限定的延长工作时数内决定延长工作时间。对企业违反法律、法规强迫劳动者延长工作时间的，劳动者有权拒绝。若由此发生劳动争议，可以提请劳动争议处理机构予以处理。

98. 什么是工资总额？工资总额由哪几部分组成？

工资总额是指各单位在一定时期内直接支付给本单位全部职工的劳动报酬总额。工资总额由下列六个部分组成：（1）计时工资。计时工资是指按计时工资标准（包括地区生活费补贴）和工作时间支付给个人的劳动报酬。（2）计件工资。计件工资是指对已做工作按计件单价支付的劳动报酬。（3）奖金。奖金是指支付给职工的超额劳动报酬和增收节支的劳动报酬。（4）津贴和补贴。津贴和补贴是指为了补偿职工特殊或额外的劳动消耗和因其他特殊原因支付给职工的津贴，以及为了保证职工工资水平不受物价影响支付给职工的物价补贴。(5)加班加点工资。加班加点工资是指按规定支付的加班工资和加点工资。(6)特殊情况下支付的工资。特殊情况下支付的工资是指根据国家法律、法规和政策规定,因病、工伤、产假、计划生育假、婚丧假、事假、探亲假、定期休假、停工学习、执行国家或社会义务等原因按计时工资标准或计件工资标准的一定比例支付的工资。

99. 什么是工资总额中的计时工资,包括哪些内容?

根据关于工资总额组成的规定,计时工资是指按计时工资标准(包括地区生活费补贴)和工作时间支付给个人的劳动报酬。包括:(1)对已做工作按计时工资标准支付的工资;(2)实行结构工资制的单位支付给职工的基础工资和职务(岗位)工资;(3)新参加工作职工的见习工资(学徒的生活费);(4)运动员体育津贴。

100. 什么是最低工资标准?最低工资标准的适用范围有哪些?

根据最低工资规定,最低工资标准,是指劳动者在法定工作时间或依法签订的劳动合同约定的工作时间内提供了正常劳动的前提下,用人单位依法应支付的最低劳动报酬。

最低工资标准适用于我国境内的企业、民办非企业单位(如民办医院、学校、科研单位等)、有雇工的个体工商户和与之形成劳动关系的劳动者;国家机关、事业单位、社会团体和与之建立劳动合同关系的劳动者。特别需要注意的是,这里的劳动者既包括固定用工,又包括临时用工、短期用工、农民工,以及在见习、试用期内的劳动者等。

最低工资标准一般采取月最低工资标准和小时最低工资标准的形式。月最低工资标准适用于全日制就业劳动者,小时最低工资标准适用于非全日制就业劳动者。

以案释法 ⑲

劳动报酬不能低于当地最低工资标准

【案例介绍】小徐在南昌市城区某饭店当服务员,每月工资450元。当他得知当地最低工资标准是580元后,就向老板提出了增加工资的要求。但老板拒绝了,因此小徐只好辞职离开了饭店。一年后,小徐听说此事可以申请仲裁,便向劳动争议仲裁委员会提出仲裁请求。但小徐收到的却是因超过仲裁时效不予受理的通知。

【以案释法】劳动争议调解仲裁法第二十七条规定，劳动争议申请仲裁的时效期间为一年。仲裁时效期间从当事人知道或者应当知道其权利被侵害之日起计算。劳动者一定要注意仲裁时效，避免有理但因申诉时效过期而失去仲裁机构的支持。

101. 最低工资标准应剔除哪些收入？

根据最低工资规定，在劳动者提供正常劳动的情况下，用人单位应支付给劳动者的工资在剔除下列各项以后，不得低于当地最低工资标准：（1）延长工作时间工资；（2）中班、夜班、高温、低温、井下、有毒有害等特殊工作环境、条件下的津贴；（3）法律、法规和国家规定的劳动者福利待遇等。

102. 用人单位克扣或者拖欠工资应该怎么办？

有些用人单位认为农民工怕失去工作不敢投诉，就故意拖欠或克扣农民工工资。这种现象在建筑领域比较突出。劳动和社会保障部、建设部发布的建设领域农民工工资支付管理暂行办法中规定，农民工发现企业有下列情形之一的，有权向劳动和社会保障行政部门举报：（1）未按照约定支付工资的；（2）支付工资低于当地最低工资标准的；（3）拖欠或克扣工资的；（4）不支付加班工资的；（5）侵害工资报酬权益的其他行为。司法部、建设部发布的《关于为解决建设领域拖欠工程款和农民工工资问题提供法律服务和法律援助的通知》，要求“各地法律援助机构要通过采取各项措施，保障农民工及时获得法律援助”。所以一旦发生建筑企业拖欠农民工工资的问题，也可以找当地法律服务机构寻求法律援助。

103. 用人单位在哪些情况下可以代扣劳动者工资？

工资支付暂行规定中明确了用人单位可以代扣劳动者工资的几种具体情况：（1）依照人民法院的判决，从应负法律责任的劳动者工资中扣除应承担的抚养费、赡养费，但每月扣除的金额不得影响劳动者的基本生活需要；（2）由于劳动者本人原因，给用人单位造成经济损失，经双方协商同意，用人单位可以从劳动者工资中扣除赔偿金额，但每月扣除部分不得超过月工资的20%，且剩余部分不得低于当地最低工资标准；（3）法律规定应由劳动者本人负担的社会保险费用；（4）法律要求用人单位代扣缴的税金；（5）法律法规定规定可以从劳动者工资中扣除的其他费用。

104. 试用期的工资有标准吗？

根据劳动合同法第二十条的规定，劳动者在试用期的工资不得低于本单位相同岗位最低档工资或者劳动合同约定工资的80%，并不得低于用人单位所在地的最低工资标准。

以案释法⑳

试用期工资法律有规定老板不能随意降低标准

【案例介绍】小王从农村来广州并应聘到一家软件销售公司做软件销售人员，老板和他签订了一年的劳动合同，规定试用期三个月。劳动合同中约定了试用期满后合格录用的每月工资3000元，但没有约定试用期的工资，小王做了一个月后只拿到800元工资。经了解，该软件销售公司中像小王这样相同岗位的做软件销售人员中，工资待遇最低档是每月2000元。软件销售公司的做法符合劳动合同法的规定吗？

【以案释法】小王的试用期不仅超过了法律规定的两个月的限制，而且给小王发的工资不仅低于本单位同岗位最低档每月2000元的工资，还低于劳动合同约定的月工资额的80% 即2400元。根据劳动合同法的规定，软件销售公司的做法显然是不符合法律规定的。劳动者与用人单位建立劳动关系后，只要劳动者提供了劳动，就享有从单位领取工资的权利，不论在试用期满后，还是在试用期内。同时，试用期内老板也不可以随便给劳动者定工资。根据劳动合同法的规定，劳动者在试用期的工资不得低于本单位相同岗位最低档工资或者劳动合同约定工资的80%，并不得低于用人单位所在地的最低工资标准。

劳动合同期限三个月以上不满一年的，试用期不得超过一个月；劳动合同期限一年以上不满三年的，试用期不得超过二个月；三年以上固定期限和无固定期限的劳动合同，试用期不得超过六个月。因此支付的试用期工资的标准有三：一是不得低于当地最低工资标准；二是不得低于本单位相同岗位最低档工资；三是不得低于劳动合同约定工资的80%。

105. 农民工从事小时工工作，也有工资标准吗？

根据劳动和社会保障部最低工资规定和关于非全日制用工若干问题的意见，非全日制用工是指以小时计酬，劳动者在同一用人单位平均每日工作时间不超过5小时、累计每周工作时间不超过30小时的用工形式。用人单位应当按时、足额支付非全日制劳动者的工资，具体可以按小时、日、周或月为单位结算。在非全日制劳动者提供正常劳动的情况下，用人单位支付的小时工资不得低于当地小时最低工资标准。非全日制用工的小时最低工资标准由各省、自治区、直辖市人民政府规定。

七、劳动保护

106. 什么是劳动保护?

劳动保护指以保障职工在职业活动过程中的安全与健康为目的的工作领域及在法律、技术、设备、组织制度和教育等方面所采取的相应措施。根据劳动法规定:(1)用人单位必须建立、健全劳动安全卫生制度，严格执行国家劳动安全卫生规程和标准，对职工进行劳动安全卫生教育，防止劳动过程中的事故，减少职业危害。劳动安全卫生设施必须符合国家规定的标准。(2)新建、改建、扩建工程的劳动安全卫生设施必须与主体工程同时设计、同时施工、同时投入生产和使用。(3)用人单位必须为职工提供符合国家规定的劳动安全卫生条件和必要的劳动防护用品，对从事有职业危害作业的职工应当定期进行健康检查。(4)从事特种作业的职工必须经过专门培训并取得特种作业资格。(5)职工在劳动过程中必须严格遵守安全操作规程。职工对用人单位管理人员违章指挥、强令冒险作业，有权拒绝执行;对危害生命安全和身体健康的行为，有权提出批评、检举和控告。(6)国家建立伤亡事故和职业病统计报告和处理制度。县级以上各级人民政府劳动行政部门、有关部门和用人单位应当依法对职工在劳动过程中发生的伤亡事故和职工的职业病状况，进行统计、报告和处理。

以案释法 21

职业病应该得到赔偿

【案情介绍】1993年4月，某省交通厅通过招标，将沈阳至本溪高速公路吴家岭隧道工程发包给某建设工程总公司。该工程经发包人、承包人、第一转包人、第二转包人四道环节层层转包，最后由第二转包人温州某隧道工程公司及该县“隧道老板”陈某、王某和张某等5人合股实施。

1998年以来，曾参与这一工程施工的400多名民工患上矽肺病。据查，此病是他们在施工中吸入大量的二氧化硅粉尘造成的。2000年，其中的196人被浙江省有关机构鉴定为一至三期的矽肺病，构成二至七级伤残。有10名患者相继死亡。2001年4月，受害人蔡某、王某等230名民工陆续向法院提起诉讼（累计诉讼案件39件），对第二转包人提出因工致残和因工伤亡赔偿2.08亿元。

温州市中院合并39件同类工伤赔偿案集中受理，10人的法律援助律师团免费提供辩护支持，以侵犯原告人身权利为由，帮助数百名民工起诉发包人、承包人、第一转包人、第二转包人某隧道公司、某省交通厅等10家责任人。

在浙江省委、省政府的指导下，温州市委、市政法委组织公检法司及劳动、卫生、民政等部门制定了一系列方案，帮助这些群众排除困难，支持法院公正审理及判决。温州市中院耗资数十万元，先后数十次派员赴辽宁、吉林、云南、北京等地调查取证，实施诉讼保全。

温州市中院经审理一审判决隧道公司、省交通厅等10家责任人，按责任大小承担蔡某、王某等230名受害者的赔偿，赔偿标准一级伤残至十级伤残为38.96万～3.896万元（每级递减10%）。已亡者为22.68万元。同时，判令他们分别负全部及一半的连带责任。对此，10家责任人及230名受害人均表示不服，分别向浙江省高院提起上诉。

省高院经审理，对温州市中院认定的全案事实予以确认，终审判决维持原判所作的赔偿标准及比例，某省交通厅等6家致害人对全部赔偿额承担连带责任，驳回蔡某等人其他诉讼请求。同时，将原判所作沈阳某矿建工程处等4家责任人（第一、二转包人）对全部赔偿额的50%承担连带责任的判决，改判为对全部赔偿额承担连带责任。

与此同时，温州市区法院以重大劳动安全事故罪，分别判处陈某、王某有期徒刑七年和五年。

【以案释法】本案中，原告和被告之间争议的焦点之一是法律适用问题：原告主张应该按民法通则和相关司法解释的规定处理；而被告认为此案属于劳动纠纷，应该受劳动法调整，不应适用民法通则及相关司法解释的规定。二审法院经审理认为：原告的生命健康权为本案多方当事人的过错行为所侵害，并非仅限于用人单位的原因，因此纠纷性质为人身损害赔偿纠纷，而非一般工伤事故赔偿纠纷，存在于本案当事人间的人身损害赔偿法律关系已经超出了我国劳动法调整的范围。关于受害人的赔偿数额问题也是原被告之间争议的焦点，二审法院最终参照国务院《道路交通事故处理办法》（已失效）的相关规定做出判决（由于我国民法领域长期对于人身损害赔偿问题缺乏具体的计算标准，在很长一段时间内，法院参考国务院《道路交通事故处理办法》中规定的标准作为判案依据。随着2003年最高人民法院《关于审理人身损害赔偿案件适用法律若干问题的解释》的颁布，《道路交通事故处理办法》中关于人身损害赔偿的范围和标准已不再适用）。

这是全国首例群体职业病人身损害赔偿特大官司，法院最终以民事纠纷进行判决，在当时的背景下有一定的特殊性。一般情况下，职业病赔偿的案件属于劳动纠纷，应当按照劳动相关法律处理。工伤保险条例第十四条规定，工伤包括职工患职业病的情形。因此，职工患职业病有权享受工伤保险待遇，由用人单位按照工伤保险条例规定的工伤保险待遇项目和标准支付费用，具体包括：医疗费、住院伙食补助费、交通费、食宿费、康复治疗费、辅助器具费、停工留薪、护理费、伤残补助金等。因职业病死亡的，还可获得丧葬补助金、供养亲属抚恤金和一次性工亡补助金等。

107. 生产经营单位主要负责人对本单位生产经营安全工作应负哪些责任？

根据安全生产法规定，生产经营单位的主要负责人对本单位安全生产工作负有下列职责：(1) 建立、健全本单位安全生产责任制；(2) 组织制定本单位安全生产规章制度和操作规程；(3) 组织制定并实施本单位安全生产教育培训和培训计划；(4) 保证本单位安全生产投入的有效实施；(5) 督促、检查本单位的安全生产工作，及时消除生产安全事故隐患；(6) 组织制定并实施本单位的生产安全事故应急救援预案；(7) 及时、如实报告生产安全事故。

八、劳动防护

108. 我国法律对企业生产安全管理是如何规定的?

根据安全生产法规定，安全生产工作应当以人为本，坚持安全发展，坚持安全第一、预防为主、综合治理的方针，强化和落实生产经营单位的主体责任，建立生产经营单位负责、职工参与、政府监管、行业自律和社会监督的机制。生产经营单位必须遵守本法和其他有关安全生产的法律、法规，加强安全生产管理，建立、健全安全生产责任制和安全生产规章制度，改善安全生产条件，推进安全生产标准化建设，提高安全生产水平，确保安全生产。生产经营单位的主要负责人对本单位的安全生产工作全面负责。

109. 生产经营单位的员工宿舍应当符合哪些安全要求?

生产、经营、储存、使用危险物品的车间、商店、仓库不得与员工宿舍在同一座建筑物内，并应当与员工宿舍保持安全距离。生产经营场所和员工宿舍应当设有符合紧急疏散要求、标志明显、保持畅通的出口。禁止封闭、堵塞生产经营场所或者员工宿舍的出口。

以案释法㉒

单位提供住房不达标应承担损害赔偿责任

【案情介绍】2013年夏，安徽省阜阳材料厂与江苏省丹阳市的包工头张某签订施工协议，约定张某施工期间，阜阳材料厂负责提供张某等施工人员的住宿。协议签订后，张某去招工，农民工石某作为受雇人员，在该工地当瓦工。

2013年8月30日，当地连日下雨，石某的宿舍屋顶严重漏雨，他爬上屋顶修缮时因石棉瓦断裂坠落受伤，当即被送往阜阳市人民医院，后相继转至江苏省人民医院、丹阳市中医院住院治疗，9月20日出院。石某住院期间共发生医疗费用3万余元。

2014年7月15日，丹阳市中医院作出司法鉴定，石某的身体损伤构成二级伤残，终身大部分时间需要依赖他人护理。

2014年8月23日，石某向江苏省丹阳市人民法院提起诉讼，要求张某、阜阳材料厂赔偿其医药费、伤残赔偿金、护理费等各项损失80余万元。

【以案释法】本案围绕两个争议焦点展开：张某、阜阳材料厂在本案中是否具有过错，是否应对石某的伤残承担民事赔偿责任？

一审法院经审理认为，按照我国法律规定，雇佣活动是指雇员从事雇主授权或者指示范围内的生产经营活动或者其他劳务活动。如果雇员的行为超出雇主的授权范围，但其行为是履行职务或者与履行职务有内在联系的工作，应当认定为从事雇佣活动。张某自带机械设备、自行组织施工人员，承接阜阳材料厂的工程，阜阳材料厂与张某之间应认定为建设工程施工合同关系。

雇主张某安排石某等雇工在工地施工、居住，负有对受雇人员的组织管理及安全保护义务，其提供的住房设施应达到基本安全要求并保障基本生活条件。但张某安排石某等人居住的宿舍，仅有一层石棉瓦作为屋顶覆盖，应认定该房屋未达到基本生活居住条件，张某对石某的损害后果应承担与其过错相适应的赔偿责任。

阜阳材料厂作为工程发包方和施工人员宿舍的实际提供者，对施工过程负有安全防范和保障责任。阜阳材料厂将建设工程发包给无相应资质的张某施工，理应对石某的伤害后果，在过错范围内承担相应的赔偿责任。石某擅自进行修漏作业，导致事故的发生存在过错，可适当减轻张某和材料厂的赔偿责任。据此，2014年12月，一审法院依照城市生活计算标准，判定原告石某伤残后医药费、伤残赔偿金、护理费等各项损失总计为513799.01元，石某自己承担40%，张某和材料厂承担60%，两被告对理应承担的赔偿负连带责任。

110. 生产经营单位的现场安全管理应符合哪些要求？

生产经营单位进行爆破、吊装等危险作业，应当安排专门人员进行现场安全管理，确保操作规程的遵守和安全措施的落实。生产经营单位应当教育和督促从业人员严格执行本单位的安全生产规章制度和安全操作规程，并向从业人员如实告知作业场所和工作岗位存在的危险因素、防范措施以及事故应急措施。生产经营单位必须为从业人员提供符合国家标准或者行业标准的劳动防护用品，并监督、教育从业人员按照使用规则佩戴、使用。

111. 用人单位使用有毒物品作业场所应符合哪些要求？

根据《使用有毒物品作业场所劳动保护条例》规定，用人单位有毒物品作业场所，除应当符合职业病防治法规定的职业卫生要求外，还必须符合下列要求：（1）作业场所与生活场所分开，作业场所不得住人；（2）有害作业与无害作业分开，高毒作业场所与其他作业场所隔离；(3) 设置有效的通风装置，可能突然泄漏大量有毒物品或者易造成急性中毒的作业场所，设置自动报警装置和事故通风设施；(4) 高毒作业场所设置应急撤离通道和必要的泄险区。

112. 什么是劳动防护用品？生产经营单位在配备、使用劳动防护用品方面有哪些义务？

劳动防护用品，是指由生产经营单位为从业人员配备的，使其在劳动过程中免遭或者减轻事故伤害及职业危害的个人防护装备。

根据安全生产法相关规定：(1) 从业人员在作业过程中，应当严格遵守本单位的安全生产规章制度和操作规程，服从管理，正确佩戴和使用劳动防护用品；(2) 生产经营单位必须为从业人员提供符合国家标准或者行业标准的劳动防护用品，并监督、教育从业人员按照使用规则佩戴、使用；(3) 生产经营单位应当安排用于配备劳动防护用品、进行安全生产培训的经费；

生产经营单位进行爆破、吊装以及国务院安全生产监督管理部门会同国务院有关部门规定的其他危险作业，应当安排专门人员进行现场安全管理，确保操作规程的遵守和安全措施的落实。生产经营单位应当教育和督促从业人员严格执行本单位的安全生产规章制度和安全操作规程；并向从业人员如实告知作业场所和工作岗位存在的危险因素、防范措施以及事故应急措施。

生产经营单位的安全生产管理人员在检查中发现重大事故隐患，依照前款规定向本单位有关负责人报告，有关负责人不及时处理的，安全生产管理人员可以向主管的负有安全生产监督管理职责的部门报告，接到报告的部门应当依法及时处理。

113. 农民工在安全生产方面享有哪些权利？

(1) 有权与生产经营单位订立劳动合同，并在合同中载明有关保障自身劳动安全、防止职业危害的事项，以及生产经营单位办理工伤社会保险的事项；(2) 有权了解其作业场所和工作岗位存在的危险因素、防范措施及事故应急措施；(3) 有权对本单位的安全生产工作提出建议，对本单位安全生产工作中存在的问题提出批评、检举、控告；(4) 有权拒绝违章指挥和强令冒险作业；(5) 发现直接危及人身安全的紧急情况时，有权停止作业或者在采取可能的应急措施后撤离作业场所；(6) 因生产安全事故受到损害的，除依法享有工伤社会保险外，依照有关民事法律尚有获得赔偿的权利的，有权向本单位提出赔偿要求。

以案释法㉓

施工发生事故要赔偿事前免责约定无效

【案情介绍】22岁的李某从2001年5月开始在深圳某私人承包的建筑公司当临时工。李某刚来此建筑公司时，按照包工头要求，同包工头签订了“雇佣协议”。协议中包含“雇主对民工的工伤概不负责”，“民工非因工负伤或患病所需的医疗费由民工自行负责”等条款。2002年2月，李某在工作时不慎从3米高空坠落，致使左胫、腓骨粉碎性骨折。公司当即派车将其送医院救治，包工头也承认李某属于工伤。在送李某入院时，包工头留下2000元给其作医疗费，并告诉李某：“我们已经签订了‘雇佣协议’，按理我可以概不负责，一分钱也不给你，但出于人道，这2000元我给你作医疗费，以后的事情就不能再找我麻烦了！”然而，由于李某伤情较严重，住院两个多月，共支付医疗费近万元，李某根本无力支付，只好找包工头帮忙解决，但包工头多次表明：一分钱也不能再给！李某在无奈的情况下，写信向深圳市劳动保障部门求助。

【以案释法】李某遇到的情况在当前并非个别。在一些私营企业中，不少老板在招人时就要求员工签下“生死合同”，约定员工发生工伤和意外事故时概不负责。按照工伤保险条例，职工有依法享受工伤保险待遇的权利。包工头要求李某签订这种“工伤概不负责”的协议，既不符合有关法律规定，也严重违反了社会公德，属无效的民事行为。依照我国现行法律法规的规定，雇主与雇工签订了被确认为无效的协议，在发生工伤等情况时，其法律后果和工伤补偿等问题，应根据我国民法通则和劳动法的有关规定处理，具体工伤待遇则应按照工伤保险条例规定的标准执行。

114. 农民工在安全生产方面负有哪些义务？

（1）严格遵守本单位的安全生产规章制度和操作规程，服从管理，正确佩戴和使用劳动防护用品；（2）接受安全生产教育和培训，掌握本职工作所需的安全生产知识，提高安全生产技能，增强事故预防和应急处理能力；（3）发现事故隐患或者其他不安全因素，应当立即向现场安全生产管理人员或者本单位负责人报告。

115. 什么是未成年工？用人单位不得安排未成年工从事哪些劳动？

未成年工是指年满16周岁，未满18周岁的劳动者。国家规定用人单位不得安排未成年工从事以下范围的劳动：(1)《生产性粉尘作业危害程度分级》国家标准中第一级以上的接尘作业；(2)《有毒作业分级》国家标准中第二级以上的有毒作业；(3)《高处作业分级》国家标准中第二级以上的高处作业；(4)《冷水作业分级》国家标准中第二级以上的冷水作业；(5)《高温作业分级》国家标准中第三级以上的高温作业；(6)《低温作业分级》国家标准中第三级以上的低温作业；(7)《体力劳动强度分级》国家标准中第四级体力劳动强度的作业；(8) 矿山井下及矿山地面采石作业；(9) 森林业中的伐木、流放及守林作业；(10) 工作场所接触放射性物质的作业；(11) 有易燃易爆、化学性烧伤和热烧伤等危险性大的作业；(12) 地质勘探和资源勘探的野外作业；(13) 潜水、涵洞、涵道作业和海拔3000米以上的高原作业（不包括世居高原者）；(14) 连续负重每小时在六次以上并每次超过20公斤，间断负重每次超过25公斤的作业；(15) 使用凿岩机、捣固机、气镐、气铲、铆钉机、电锤的作业；(16) 工作中需要长时间保持低头、弯腰、上举、下蹲等强迫体位和动作频率每分钟大于50次的流水线作业；(17) 锅炉司炉。

116. 国家对女工权益的保护有什么规定？

劳动法规定：(1) 禁止安排女职工从事矿山井下、国家规定的第四级体力劳动强度的劳动和其他禁忌从事的劳动；(2) 不得安排女职工在经期从事高处、低温、冷水作业和国家规定的第三级体力劳动强度的劳动；(3) 不得安排女职工在怀孕期间从事国家规定的第三级体力劳动强度的劳动和孕期禁忌从事的劳动，对怀孕7个月以上的女职工，不得安排其延长工作时间和夜班劳动；(4) 女职工生育享受不少于90天的产假；(5) 不得安排女职工在哺乳未满一周岁的婴儿期间从事国家规定的第三级体力劳动强度的劳动和哺乳期禁忌从事的其他劳动，不得安排其延长工作时间和夜班劳动。另外，劳动法还规定，女职工在妊娠期、产期、哺乳期内，用人单位不得解除劳动关系。

以案释法 24

女职工应享受生育保险待遇

【案情介绍】姚某与某制衣厂订立为期2年的劳动合同，合同规定工厂实行计件工资制，同时也执行法定标准工时工作制，工厂按职工在法定的工作时间内完成的产品数量来计发工资。合同还约定，制作每件上衣发8元工资，制作每条裤子发4元工资。按此计算，姚某每月工资超过1500元。当姚某怀孕7个月的时候，工厂办公室主任告诉她，在她生育期间工厂将不支付工资，因她从未交过生育保险费，也不能享受生育保险待遇，产假期满后如果能提供正常劳动，工厂仍实行计件工资制。

【以案释法】姚某所在工厂的做法是错误的。社会保险法第五十三条明确规定：职工应当参加生育保险，由用人单位按照国家规定缴纳生育保险费，职工不缴纳生育保险费。我国法律还规定，产假期间工资照发，但实践中应分两种情况：（1）用人单位为女职工缴纳生育保险的，女职工的产假期间的待遇包括生育津贴、生育医疗费用、计划生育手术医疗费用、法律法规规定的其他费用。在该种情况下，生育津贴即应视为女职工的产假工资，生育津贴的计算方法是女职工本人生育当月的缴费基数除产假天数得出的，该津贴的数额可能低于女职工的本人工资数额。因此，若生育津贴的数额低于女职工工资的，由用人单位补足差额。（2）用人单位未给女职工缴纳生育保险的，女职工产假期间，工资由用人单位照发，这里的工资应包括计时工资、计件工资、岗位工资、奖金、津贴和补贴，应是女职工休产假之前的月工资标准。另外，女职工还可以要求用人单位报销生育医疗费用及疾患生育手术费用。

117. 国家对禁止使用童工有哪些规定？

根据禁止使用童工规定，国家机关、社会团体、企业事业单位、民办非企业单位或者个体工商户均不得招用不满十六周岁的未成年人（招用不满十六周岁的未成年人，统称使用童工）。禁止任何单位或者个人为不满十六周岁的未成年人介绍就业。

九、社会保险制度

118. 什么是社会保险？农民工可以参加社会保险吗？

社会保险是国家通过立法的形式，由社会集中建立基金，使劳动者在年老、患病、工伤、失业、生育等情况下能够获得国家和社会补偿与帮助的一种社会保障制度，主要包括五大险种：养老保险、失业保险、医疗保险、工伤保险和生育保险。

目前，国家允许和要求进城的务工农民参加社会保险。进城务工者的用人单位应该按法律规定由单位或单位和个人共同缴纳社会保险费，进城务工的农民可以按规定享受社会保险待遇。

以案释法 ㉕

不缴社保损害自身利益

【案情介绍】小张在一家私营企业打工，企业与其约定每个月将本应该由单位缴纳的社会保险费直接付给他本人。小张想这样每月能多拿一些钱，就同意了。不久，小张因生病花费了不少医疗费用，于是便拿着发票要求单位报销，但企业答复他：由于他没参加医疗保险，因此医疗费要个人全额负担。

【以案释法】社会保险的主要项目包括养老保险、医疗保险、失业保险、工伤保险、生育保险等。社会保险费的分担主体是国家、企业和个人，它由政府统筹，强制将其收入的一部分作为社会保险税（费）形成社会保险基金，在满足一定条件的情况下，被保险人可从基金获得固定的收入或损失的补偿。如果单位拒缴社会保险，劳动者可向当地人力资源和社会保障部门举报或投诉。

119. “五险一金”“四险一金”“三险一金”分别指什么？

“五险一金”“四险一金”“三险一金”是目前最常见的用人单位承诺的社会保险和福利的通俗说法。“五险”指的是五种社会保险，即养老保险、失业保险、医疗保险、工伤保险和生育保险；“一金”指的是住房公积金；“四险一金”少了生育保险；“三险一金”则又少了工伤保险。

120. 企业是否可以以经济效益不好为由少为职工缴纳社会保险费？

首先，社会保险是国家依法建立的保障劳动者在年老、患病、工伤、失业、生育等情况下获得帮助和补偿的制度。对此，劳动法不仅规定用人单位和劳动者必须依法参加社会保险，缴纳社会保险费，而且规定劳动者享受的社会保险金必须按时足额支付。这些规定表明：社会保险费必须依法缴纳，各项保险费由企业和职工分别按照法律、法规的规定缴纳；劳动者享受的社会保险金按时足额支付的前提条件是缴费人必须按时足额缴费，没有按时足额缴费的，就不能保证劳动者按时足额享受保险待遇。可见，企业按时足额缴纳社会保险费是法定义务，必须依照法律规定执行，不能违背法律规定的数额随意少缴。其次，社会保险费不同于职工的工资分配。工资分配可以按照企业经济效益的好坏有增有减，效益好时工资可以上浮，效益下降时，工资可以下浮。而社会保险费则是在依据效益确定工资总额的基础上按比例缴纳的，故企业不能以经济效益不好为由，少为职工缴纳社会保险费。

121. 什么是基本养老保险？基本养老保险的覆盖范围有哪些？

基本养老保险，是国家根据法律、法规的规定，强制建立和实施的一种社会保险制度。在这一制度下，用人单位和劳动者必须依法缴纳养老保险费，在劳动者达到国家规定的退休年龄或因其他原因而退出劳动岗位后，社会保险经办机构依法向其支付养老金等待遇，从而保障其基本生活。国务院《关于完善企业职工基本养老保险制度的决定》规定，城镇各类企业职工（包括：国有企业、城镇集体企业、外商投资企业、城镇私营企业和其他城镇企业，以及实行企业化管理的事业单位）、个体工商户和灵活就业人员都要参加企业职工基本养老保险；要以非公有制企业、城镇个体工商户和灵活就业人员参保工作为重点，扩大基本养老保险覆盖范围；要进一步落实国家有关社会保险补贴政策，帮助就业困难人员参保缴费。

122. 农民工怎样参加基本养老保险？

在城镇就业并与用人单位建立劳动关系的农民工，应当参加基本养老保险。用人单位与农民工签订劳动合同时，应当明确农民工参保相关事宜。用人单位应按规定为农民工办理参保手续。

123. 农民工参加基本养老保险，应向用人单位提供哪些资料？

农民工除提供身份证复印件等资料外，还应向用人单位提供本人农村居民户口复印件或户口所在地公安机关证明。无法提供农村居民户口复印件或户口所在地公安机关证明的，应按规定作出书面承诺。

以案释法㉖

离职是否要赔偿单位缴纳的社会保险费用？

【案情介绍】2002年10月，苏州一家制衣设备公司聘请了驾驶员刘某，双方签订的劳动合同的期限为5年。合同约定，如刘某擅自离职，应赔偿公司为其支付的社会保险费。但公司仅为刘某缴纳了2003年4月至5月的社会保险费525.36元。2003年6月，刘某因和公司发生矛盾而辞职。刘某才发现公司未为自己缴纳2002年10月至2003年3月的社会保险费。为此，刘某向劳动争议仲裁委员会提起劳动仲裁。不久，仲裁委员会裁决公司应向社会保障机构为刘某缴纳2002年10月至2003年6月的社会保险费3152.16元，并为刘某办妥解除劳动关系的手续。公司不服劳动仲裁的裁决，向法院起诉。原告诉称：双方签订的合同约定，合同期内如被告擅自离职，应赔偿公司为其支付的养老保险金。2003年6月24日，公司安排刘某将200只礼品烟灰缸运回公司，但刘某擅自将烟灰缸拉回家，致使价值10000元的烟灰缸被损坏。事后刘某为了逃避责任，即提出辞职，导致公司不得不高薪急聘驾驶员，造成很大损失。而刘某不仅没有按照合同约定承担相应责任，反而提请劳动仲裁，要公司为其补缴9个月的社会保险费，并被苏州市劳动争议仲裁委员会裁决认可。公司认为，与刘某签订的劳动合同合法有效，刘某理应承担相应的违约责任。为此，诉请法院撤销苏州市劳动争议仲裁委员会"要求公司为刘某补缴养老保险金"的仲裁裁决书，同时判令刘某返还公司已缴的养老保险金525.36元。审理期间，公司向法院提出撤诉。因该公司迟迟未履行苏州市劳动争议仲裁委员会仲裁裁决书，刘某向法院申请强制执行。在法院执行部门的努力下，制衣设备公司终于按裁决书要求履行了相关给付义务，并为申请执行人刘某办妥了解除劳动关系手续。

【以案释法】在本案中，用人单位与劳动者在劳动合同中约定，如劳动者擅自离职，应赔偿用人单位为其支付的社会保险费。这一约定的实质，是用人单位想逃避应当为劳动者缴纳社会保险金的法定义务。劳动法第七十二条规定，用人单位和劳动者必须依法参加社会保险，缴纳社会保险费。该法第七十三条规定，劳动者享受的社会保险金必须按时足额支付。因此，制衣设备公司与刘某关于离职时赔付公司支付的保险费的约定违反了法律的规定，是无效的。制衣设备公司不仅无权要求刘某赔付社会保险费，并且应当为刘某缴足从2002年10月直至2003年7月的社会保险。

关于用人单位为职工缴纳社会保险的义务，自2011年7月1日开始实施的社会保险法有更为明确的规定。该法第十条规定，职工应当参加基本养老保险，由用人单位和职工共同缴纳基本养老保险费。用人单位应当按照国家规定的本单位职工工资总额的比例缴纳基本养老保险费，记入基本养老保险统筹基金。

依据劳动合同法第二十六条规定，下列劳动合同无效或者部分无效：(1) 以欺诈、胁迫的手段或者乘人之危，使对方在违背真实意思的情况下订立或者变更劳动合同的；(2) 用人单位免除自己的法定责任、排除劳动者权利的；(3) 违反法律、行政法规强制性规定的。因此，本案中，在劳动合同里规定“职工离职时赔付社会保险费”等事项违反法律规定，应为无效条款。农民工可以依据法律，主张自己的合法权利。

124. 养老保险费是否全部由单位缴纳?

不是，我国实行社会统筹和个人账户相结合的养老保险缴费模式。基本养老保险基金和待遇分为两部分：一部分是用人单位缴纳的基本养老保险费，进入基本养老统筹基金，用于支付职工退休时社会统筹部分的养老金；另一部分是个人缴纳的基本养老保险费，进入个人账户，用于负担退休后个人账户养老金的支付，体现个人责任。

125. 国家对养老保险缴费的基数和比例是如何规定的?

用人单位应当按照国家规定的本单位职工工资总额的比例缴纳基本养老保险费，记入基本养老保险统筹基金。职工应当按照国家规定的本人工资的比例缴纳基本养老保险费，记入个人账户。无雇工的个体工商户、未在用人单位参加基本养老保险的非全日制从业人员以及其他灵活就业人员参加基本养老保险的，应当按照国家规定缴纳基本养老保险费，分别记入基本养老保险统筹基金和个人账户。用人单位缴纳基本养老保险费的比例，一般不超过企业工资总额的20%，具体比例由省、自治区、直辖市人民政府确定。职工个人按照本人缴费工资的8%缴费，计入个人账户，缴费工资为本人上一年度月平均工资。月平均工资超过当地职工平均工资300%以上的部分，不计入个人缴费工资基数；低于当地职工平均工资60%的，按60%计算缴费工资基数。职工个人缴纳的养老保险费全部计入个人账户，形成个人账户基金，用于退休后个人账户养老金的发放。

126. 基本养老保险的缴费方式是怎样的?

在缴费方式上，农民工不用自己直接缴费，而是由单位统一去申报、缴费。单位和个人应当以货币形式全额缴费，个人应当缴纳的部分，由所在单位从其本人工资中代扣代缴。如单位未按时缴纳基本养老保险费，农民工可以到有关部门投诉。

127. 养老保险的个人账户可以提前支取吗？

个人账户养老金是个人工作期间为退休后养老积蓄的资金，是基本养老保险待遇的重要组成部分，是国家强制提取的，退休以前个人不得提前支取。我国社会保险法第十四条规定，个人账户不得提前支取，记账利率不得低于银行定期存款利率，免征利息税。个人死亡的，个人账户余额可以继承。

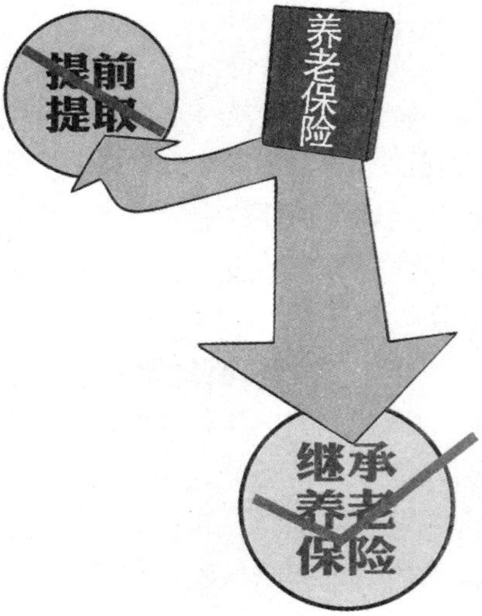

128. 农民工变换工作单位，原来的养老保险怎么办？

《关于完善城镇职工基本养老保险政策有关问题的通知》规定，进城务工人员和其他职工一样，在不同单位就业，养老保险关系可以转移和接续，在不同时间、地点的缴费年限可以累计计算。参加养老保险的农民合同制职工，在与企业终止或解除劳动关系后，由社会保险经办机构保留其养老保险关系，保管其个人账户并计息，凡重新就业的，应接续或转移养老保险关系。

129. 农民工跨省流动就业，原来的养老保险怎么办？

根据《城镇企业职工基本养老保险关系转移接续暂行办法》的规定，参保人员跨省流动就业的，由原参保所在地社会保险经办机构开具参保缴费凭证，其基本养老保险关系应随同转移到新参保地。根据该办法第八条的规定，参保人员跨省流动就业的，按下列程序办理基本养老保险关系转移接续手续：（1）参保人员在新就业地按规定建立基本养老保险关系和缴费后，由用人单位或参保人员向新参保地社保经办机构提出基本养老保险关系转移接续的书面申请；（2）新参保地社保经办机构在15个工作日内，审核转移接续申请，对符合本办法规定条件的，向参保人员原基本养老保险关系所在地的社保经办机构发出同意接收函，并提供相关信息；对不符合转移接续条件的，向申请单位或参保人员作出书面说明；（3）原基本养老保险关系所在地社保经办机构在接到同意接收函的15个工作日内，办理好转移接续的各项手续；（4）新参保地社保经办机构在收到参保人员原基本养老保险关系所在地社保经办机构转移的基本养老保险关系和资金后，应在15个工作日内办结有关手续，并将确认情况及时通知用人单位或参保人员。

以案释法 ㉗

企业拖欠电工社保应该依法补交

【案情介绍】长春市双阳区某村村民刘某于1995年2月27日经他人介绍，来到某旅游开发公司做电工工作，直至2005年9月都在该公司上班，后该公司被另一家公司并购。刘某与新公司双方没有签订劳动合同，但接受新公司的管理支配，工资由原来的1500元涨到1650元。2006年3月该公司将刘某辞退。刘某认为虽然没有与用人单位签订书面的劳动合同，但其是因单位并购被新公司接收的，工龄应连续计算，劳动关系一直处于延续状态，已经与新公司形成了事实上的劳动关系，双方也都履行了权利义务，突然被辞退侵害了其合法权益，遂以新公司为被申请人申请劳动仲裁。刘某对仲裁结果不服，提起诉讼。

【以案释法】刘某在诉讼期间来到吉林农民工法律援助工作站申请法律援助，吉林农民工法律援助工作站受理了刘某的法律援助申请，并指派律师承办该案。法院经审理后认为：1995年2月，旅游公司聘用原告刘某做电工工作后，刘某已与旅游公司建立了事实劳动关系，旅游公司应为刘某办理养老、医疗、失业保险并缴纳保险费用。新公司并购旅游公司后，双方之间的劳动关系处于连续状态，理应继续履行法定义务。新公司有义务为原告刘某办理与其存在事实劳动关系期间的各种社会保险并缴纳费用，在与原告刘某解除劳动关系时，应依照相应的劳动法律法规向原告支付经济补偿金和额外补偿金。鉴于刘某亦同意解除与新公司的劳动关系，双方可解除劳动关系，新公司应该按与刘某存在劳动关系的期间支付解除劳动关系的经济补偿金，并按照补偿金数额的50%支付额外补偿金。原告刘某在旅游公司工作11年，在新公司工作不满一年应按一年计算。经济补偿金的工资计算标准应按企业正常生产情况下劳动者解除合同前12个月的月平均工资计算。

原告刘某在被新公司辞退后向其索要正当的社会保险费和经济补偿金于法有据，应予支持。但原告刘某要求被告新公司给付保险费用至办完保险之日，没有法律依据，不能全部予以支持。

130. 农民工跨省流动就业，转移基本养老保险关系时怎样计算转移资金？

根据《城镇企业职工基本养老保险关系转移接续暂行办法》第四条的规定，参保人员跨省流动就业转移基本养老保险关系时，按下列方法计算转移资金：（1）个人账户储存额：1998年1月1日之前按个人缴费累计本息计算转移，1998年1月1日后按计入个人账户的全部储存额计算转移；（2）统筹基金（单位缴费）：以本人

1998年1月1日后各年度实际缴费工资为基数，按12%的总和转移，参保缴费不足1年的，按实际缴费月数计算转移。

131. 农民工中断就业或返乡，原来的养老保险怎么办？

根据《城镇企业职工基本养老保险关系转移接续暂行办法》第九条的规定，农民工中断就业或返乡没有继续缴费的，由原参保地社保经办机构保留其基本养老保险关系，保存其全部参保缴费记录及个人账户，个人账户储存额继续按规定计息。农民工返回城镇就业并继续参保缴费的，无论其回到原参保地就业还是到其他城镇就业，均按前述规定累计计算其缴费年限，合并计算其个人账户储存额，符合待遇领取条件的，与城镇职工同样享受基本养老保险待遇；农民工不再返回城镇就业的，其在城镇参保缴费记录及个人账户全部有效，并根据农民工的实际情况，或在其达到规定领取条件时享受城镇职工基本养老保险待遇，或转入新型农村社会养老保险。

132. 农民工按月领取养老保险金需要具备哪些条件？

按月领取农民工养老金，必须同时具备下列3个条件：（1）用人单位和农民工本人参加农民工养老保险，并按规定缴纳了农民工养老保险费；（2）男年满60周岁，女年满55周岁；（3）实际缴费累计满180个月及其以上。

133. 农民工的养老保险金怎样计发？

农民工参加基本养老保险缴费年限累计满15年以上（含15年），符合待遇领取条件后，由本人向基本养老保险关系所在地社保机构提出领取申请，社保机构按基本养老保险有关规定核发、发放基本养老金，包括基础养老金和个人养老账户养老金。农民工达到待遇领取年龄而缴费年限不满15年，参加了新型农村社会养老保险的，由社会保险机构将其基本养老保险权益记录和资金转入户籍地新型农村社会养老保险，享受相关待遇；没有参加新型农村社会养老保险的，其个人账户养老金全部存储额一次性支付给本人。

134. 农民工跨省流动就业，应在哪里领取养老保险金？

根据《城镇企业职工基本养老保险关系转移接续暂行办法》第六条的规定，跨省流动就业的参保人员达到待遇领取条件时，按下列规定确定其待遇领取地：（1）基本养老保险关系在户籍所在地的，由户籍所在地负责办理待遇领取手续，享受基本养老保险待遇；(2)基本养老保险关系不在户籍所在地，而在其基本养老保险关系所在地累计缴费年限满10年的，在该地办理待遇领取手续，享受当地基本养老保险待遇；(3)基本养老保险关系不在户籍所在地，且在其基本养老保险关系所在地累计缴费年限不满10年的，将其基本养老保险关系转回上一个缴费年限满10年的原参保地办理待遇领取手续，享受基本养老保险待遇；(4)基本养老保险关系不在户籍所在地，且在每个参保地的累计缴费年限均不满10年的，将其基本养老保险关系及相应资金归集到户籍所在地，由户籍所在地按规定办理待遇领取手续，享受基本养老保险待遇。

以案释法㉘

仓库保管临时工也应办理养老保险

【案例介绍】农民工洪某在一家企业做仓库保管，但在该企业改制方案中对所聘用的临时工只作经济补偿，不为其办理养老保险。洪某到劳动监察支队举报，要求企业为其办理养老保险。查询有关情况后得知，洪某2009年就到该企业上班，劳动监察员责令该企业为洪某补缴2009年至改制期间的养老保险，并按规定支付其经济补偿金。

【以案释法】劳动法规定，劳动者享有享受社会保险和福利的权利，用人单位和劳动者必须依法参加社会保险。

135. 什么是基本医疗保险？我国目前有哪些基本医疗保险制度？

基本医疗保险是为补偿劳动者因疾病风险造成的经济损失而建立的一项社会保险制度。我国目前建立了城镇职工基本医疗保险制度、新型农村合作医疗制度和城镇居民基本医疗保险制度。其中，城镇职工基本医疗保险由用人单位和职工按照国家规定共同缴纳基本医疗保险费，建立医疗保险基金，参保人员患病就诊发生医疗费用后，由医疗保险经办机构给予一定的经济补偿，以避免或减轻劳动者因患病、治疗等所带来的经济风险。新型农村合作医疗和城镇居民基本医疗保险实行个人缴费和政府补贴相结合，待遇标准按照国家规定执行。

136. 进城务工人员怎样上医疗保险？

医疗保险是社会保险中一个重要险种。国务院《关于建立城镇职工基本医疗保险制度的决定》中规定，城镇用人单位及其职工都要参加医疗保险，并按规定缴纳医疗保险费。职工参保后可以享受相应的待遇。具体到每一个城市，参加医疗保险的办法、缴费率及待遇标准各不相同。有一些地方，为进城务工人员设立了专门的医疗保险，其主要特点是费率比较低，只解决进城务工期间大病医疗保险。进城务工人员可以根据当地的具体政策规定，参加医疗保险。根据有关规定，与用人单位形成劳动关系的进城务工人员参加医疗保险，首先由参保单位到当地社会保险经办机构办理社会保险和参保手续。此后，单位和个人要按当地规定定期、足额向当地社会保险经办机构缴纳医疗保险费。对在城镇从事个体经营等灵活就业的农村进城务工人员，可以按照当地灵活就业人员参保的有关规定以个人身份参保。

137. 城镇职工基本医疗保险的缴费比例是多少？

基本医疗保险费用由用人单位和职工双方共同负担；基本医疗保险基金实行社会统筹和个人账户相结合。用人单位缴费率应控制在职工工资总额的6% 左右，职工缴费率一般为本人工资收入的2%。

138. 参保农民工如何享受基本医疗保险待遇？

（1）参保人员要在基本医疗保险定点医疗机构就医、购药，也可按处方到定点零售药店外购药品。在非定点医疗机构就医和非定点药店购药发生医疗费用，除符合急诊、转诊等规定条件外，基本医疗保险基金不予支付。（2）所发生医疗费用必须符合基本医疗保险药品目录、诊疗项目、医疗服务设施标准的范围和给付标准，才能由基本医疗保险基金按规定予以支付。（3）对符合基本医疗保险基金支付范围的医疗费用，要区分是属于统筹基金支付范围还是属于个人账户支付范围。属于统筹基金支付范围的医疗费用，超过起付标准以上的由统筹基金按比例支付，最高支付到“封顶额”为止。起付标准以下医疗费用由个人账户解决或由个人自付，“封顶额”以上费用则全部由个人承担。

139. 哪些费用不纳入基本医疗保险基金支付范围？

根据新社会保险法第三十条的规定，下列医疗费用不纳入基本医疗保险基金支付范围：（1）应当从工伤保险基金中支付的；（2）应当由第三人负担的；（3）应当由公共卫生负担的；（4）在境外就医的。

医疗费用依法应当由第三人负担，第三人不支付或者无法确定第三人的，由基本医疗保险基金先行支付。基本医疗保险基金先行支付后，有权向第三人追偿。

以案释法㉙

六旬农民工搬运垃圾桶致残能否享受工伤待遇？

【案情介绍】家住农村的黄某今年63岁。2013年6月，受科学城一物业服务公司雇佣，从事垃圾清运工作。2013年9月2日上午9时许，黄某在搬运垃圾时，由于垃圾桶装载过多，负重过大致腹部疼痛不止，当即被送往医院救治，诊断为回肠穿孔伴粘连、急性弥漫性腹膜炎。其伤情后经司法鉴定为九级伤残。黄某要求物业服务公司赔偿相关费用，被对方以超龄、不能享受企业职工工伤保险待遇为由拒绝。双方多次协商未果，黄某诉至法院，请求判令物业服务公司支付医疗费、伤残赔偿金等共计97095.10元。

【以案释法】法院审理认为，超龄农民工参加社会劳动，所形成的劳动关系完全符合劳动合同法的要求，这种劳动关系不因农民工达到法定退休年龄而改变，法律也没有对农民退休作出规定。因此原、被告之间属于合法劳动关系，原告在工作时间内，因工作原因受伤的，应当适用工伤保险条例的规定，向有关部门申请进行工伤认定。黄某撤回起诉，向工伤认定机构申请工伤认定，但该机构认为，黄某申请工伤认定时，已超过法定劳动年龄，与用人单位劳动关系不成立，对其申请不予受理。

黄某因超过法定退休年龄，缺失劳动关系中劳动者的主体资格要件，根据劳动合同法实施条例第二十一条明确规定，劳动者达到法定退休年龄，劳动合同终止。故对原告不宜认定为工伤，应当通过民事法律关系等途径解决赔偿问题。最终，黄某依据侵权责任法相关规定，以提供劳务者受害责任纠纷为由，再次诉至法院。经法官调解，双方达成协议，被告一次性赔偿原告4.7万元。调解书签收后，被告履行了协议内容。

140. 什么是失业保险？失业保险的适用范围有哪些？

失业保险，是为失业而暂时失去工资收入的社会成员提供物质帮助，以保障失业人员的基本生活，维持劳动力的再生产，为失业人员重新就业创造条件的一项社会保险制度。

我国的失业保险条例将城镇所有企业、事业单位及其职工都纳入了失业保险的范围，其中城镇企业包括国有企业、城镇集体企业、外商投资企业、城镇私营企业以及其他城镇企业，职工包括农民合同制工人。

141. 失业保险的缴费比例是多少？农民工本人是否需要缴纳失业保险费？

根据失业保险条例第六条的规定，城镇企业事业单位按照本单位工资总额的2%缴纳失业保险费。城镇企业事业单位职工按照本人工资的1%缴纳失业保险费。城镇企业事业单位招用的农民合同制工人本人不缴纳失业保险费。

142. 领取失业保险金需要符合哪些条件？

根据社会保险法第四十五条规定，失业人员符合下列条件的，从失业保险基金中领取失业保险金：（1）失业前用人单位和本人已经缴纳失业保险费满1年的；（2）非因本人意愿中断就业的；（3）已经进行失业登记，并有求职要求的。

根据失业保险金申领发放办法第四条的规定，非因本人意愿中断就业的是指下列人员：（1）终止劳动合同的；（2）被用人单位解除劳动合同的；（3）被用人单位开除、除名和辞退的；（4）因用人单位以暴力、威胁或者非法限制人身自由的手段强迫劳动的，或者用人单位未按照劳动合同约定支付劳动报酬或者提供劳动条件的，与用人单位解除劳动合同的；（5）法律、行政法规另有规定的。

143. 领取失业保险金需要办理哪些手续？

根据社会保险法第五十条的规定，领取失业保险金需要经过以下手续：（1）用人单位及时为失业人员出具终止或者解除劳动关系的证明，并将失业人员的名单自终止或者解除劳动关系之日起15日内告知社会保险经办机构；（2）失业人员应当持本单位为其出具的终止或者解除劳动关系的证明，及时到指定的公共就业服务机构办理失业登记；（3）失业人员凭失业登记证明和个人身份证明，到社会保险经办机构办理领取失业保险金的手续。失业保险金领取期限自办理失业登记之日起计算。

144. 失业保险金最长可以领取多少个月？

根据社会保险法第四十六条、失业保险条例第十七条的规定，失业人员失业前用人单位和本人累计缴费满一年不足五年的，领取失业保险金的期限最长为十二个月；累计缴费满五年不足十年的，领取失业保险金的期限最长为十八个月；累计缴费十年以上的，领取失业保险金的期限最长为二十个月。重新就业后，再次失业的，缴费时间重新计算，领取失业保险金的期限与前次失业应当领取而尚未领取的失业保险金的期限合并计算，最长不超过二十四个月。

145. 国家对农民工享受失业保险待遇有什么特殊规定？

考虑到农民工流动性较大、异地就业等情形，失业保险条例第二十一条规定，单位招用的农民合同制工人连续工作满一年，本单位并已缴纳失业保险费，劳动合同期满未续订或者提前解除劳动合同的，由社会保险经办机构根据其工作时间长短，对其支付一次性生活补助。补助的办法和标准由省、自治区、直辖市人民政府规定。

146. 什么是工伤保险？工伤保险的特点有哪些？

工伤保险，是指由用人单位缴纳工伤保险费，对职工因工作原因遭受意外伤害或者职业病，从而造成死亡、暂时或者永久丧失劳动能力时，给予职工及其相关人员工伤保险待遇的一项社会保险制度。工伤保险具有以下几点特征：（1）工伤保险的责任具有赔偿性；（2）工伤保险实行无过错责任原则，无论工伤事故的责任归于用人单位还是职工个人或第三者，用人单位均应承担保险责任；（3）工伤保险待遇相对优厚，标准较高，但因工伤事故的不同而有所差别；（4）工伤保险作为社会福利，其保障内容比商业意外保险要丰富。

以案释法㉚

职工早退途中受伤是否应认定为工伤

【案情介绍】张某系甲公司职工，2010年11月20日，其在上班时间外出，途中受伤。2011年11月19日，张某以外出为公司送材料受伤为由，向劳动部门申请工伤认定。2012年1月12日，劳动部门作出工伤认定决定，认定张某为工伤。甲公司不服劳动部门作出的工伤认定，认为张某是早退，在回家途中受伤，不应认定为工伤，故向法院提起行政诉讼，要求撤销劳动部门作出的工伤认定。

【以案释法】张某构成工伤。工伤保险条例第十四条第六项规定，在上下班途中，受到非本人主要责任的交通事故或者城市轨道交通、客运轮渡、火车事故伤害的、机动车事故伤害的，应当认定为工伤。张某是甲公司职工，在外出途中受伤，由于双方对张某外出行为的性质有争议，但又无充分证据证明自己的主张。对此可以认为，职工迟到、早退属于违反劳动纪律，应当受到劳动纪律的制裁，但这种违反劳动纪律的行为仅属于轻微的违纪行为，其过错不足以导致其失去工伤保障的资格。因此，即使是张某早退途中发生伤害事故，仍应认定为工伤。

147. 工伤认定的标准是什么？

工伤保险条例第十四条规定，职工有下列情形之一的，应当认定为工伤：（1）在工作时间和工作场所内，因工作原因受到事故伤害的；（2）工作时间前后在工作场所内，从事与工作有关的预备性或者收尾性工作受到事故伤害的；（3）在工作时间和工作场所内，因履行工作职责受到暴力等意外伤害的；（4）患职业病的；（5）因工外出期间，由于工作原因受到伤害或者发生事故下落不明的；（6）在上下班途中，受到非本人主要责任的交通事故或者城市轨道交通、客运轮渡、火车事故伤害的、机动车事故伤害的；（7）法律、行政法规规定应当认定工伤的其他情形。

工伤保险条例第十五条规定，职工有下列情形之一的，视同工伤：（1）在工作时间和工作岗位，突发疾病死亡或者在48小时之内经抢救无效死亡的；（2）在抢救灾害等维护国家利益、公共利益活动中受到伤害的；（3）职工原在军队服役，因战、因公负伤致残，已取得革命伤残军人证，到用人单位后旧伤复发的。

148. 工伤认定申请需要提交哪些材料？

提出工伤认定申请应当提交下列材料：（1）工伤认定申请表；（2）与用人单位存在劳动关系（包括事实劳动关系）的证明材料；（3）医疗诊断证明或者职业病诊断证明书（或者职业病诊断鉴定书）。工伤认定申请表应当包括事故发生的时间、地点、原因以及职工伤害程度等基本情况。

149. 工伤认定申请只能由用人单位提出吗？

不是。根据工伤保险条例规定，用人单位未按时提出工伤认定申请的，工伤职工或者其近亲属、工会组织在事故伤害发生之日或者被诊断、鉴定为职业病之日起1年内，可以直接向用人单位所在地统筹地区社会保险行政部门提出工伤认定申请。

150. 工伤认定申请是否受时间限制？

工伤认定申请受时间的限制。职工发生事故伤害或者按照职业病防治法规定被诊断、鉴定为职业病，所在单位应当自事故伤害发生之日或者被诊断、鉴定为职业病之日起30日内，向统筹地区社会保险行政部门提出工伤认定申请。遇有特殊情况，经报社会保险行政部门同意，申请时限可以适当延长。

151. 用人单位没有参加工伤保险，农民工可以享受工伤保险待遇吗？

根据社会保险法第四十一条、工伤保险条例第六十二条规定，农民工所在用人单位未依法缴纳工伤保险费，发生工伤事故的，由用人单位按照工伤保险待遇项目和标准支付费用；用人单位不支付的，从工伤保险基金中先行支付。

152. 因工死亡，哪些亲属可以享受抚恤待遇？

领取抚恤金的条件是什么？供养亲属是因工死亡职工供养的配偶、子女、父母、祖父母、外祖父母、孙子女、外孙子女、兄弟姐妹。所称子女，包括婚生子女、非婚生子女、养子女和有抚养关系的继子女，其中，婚生子女、非婚生子女包括遗腹子女。所称父母，包括生父母、养父母和有扶养关系的继父母。所称兄弟姐妹包括同父母的兄弟姐妹、同父异母或者同母异父的兄弟姐妹、养兄弟姐妹、有扶养关系的继兄弟姐妹。因工死亡职工供养亲属享受抚恤金待遇的资格，由统筹地区社会保险经办机构核定。因工死亡职工供养亲属的劳动能力鉴定，由因工死亡职工生前单位所在地的市级劳动鉴定委员会负责。 因工死亡职工供养亲属范围内的人员，以依靠因其生前提供主要生活来源，并有下列情形之一的，可按规定申请供养亲属抚恤金：(1) 完全丧失劳动能力的；(2) 因工死亡职工配偶男年满60周岁、女年满55周岁的；(3) 因工死亡职工父母男年满60周岁、女年满55周岁的；(4) 因工死亡职工子女未满18周岁的；(5) 因工死亡职工父母均已死亡，其祖父、外祖父年满60周岁，祖母、外祖母年满55周岁的；(6) 因工死亡职工子女已经死亡或者完全丧失劳动能力，其孙子女、外孙子女未满18周岁的；(7) 因工死亡职工父母已经死亡或者完全丧失劳动能力，其兄弟姐妹未满18周岁的。

153. 农民工在非法用工单位打工发生工伤，可以获得赔偿吗？

根据《非法用工单位伤亡人员一次性赔偿办法》的规定，农民工在无营业执照或者未经依法登记、备案的单位以及被依法吊销营业执照或者撤销登记、备案的单位打工受到事故伤害或者患职业病的，或者童工在用人单位打工伤残、死亡的，单位必须向伤残职工或者死亡职工的近亲属、伤残童工或者死亡童工的近亲属给予一次性赔偿。

一次性赔偿包括受到事故伤害或者患职业病的职工或童工在治疗期间的费用和一次性赔偿金。一次性赔偿金数额应当在受到事故伤害或者患职业病的职工或童工死亡或者经劳动能力鉴定后确定。劳动能力鉴定按照属地原则由单位所在地设区的市级劳动能力鉴定委员会办理。劳动能力鉴定费用由伤亡职工或童工所在单位支付。

以案释法㉛

农民工受雇于包工头发生工伤如何索赔?

【案情介绍】2014年5月9日，河南许昌人杨某经老乡介绍来到通州某建筑工地打工，包吃包住，工钱每天230元。第二天，工头陈某将杨某安排进工地干活。5月15日，就在杨某进入工地的第5天，正在工作的他从脚手架上摔下来，双脚受伤无法站立。由于脚踝骨折伤势较重，医生建议杨某住院治疗，可还没领到工钱的杨某根本拿不出住院费。陈某也不愿交钱，劝说杨某回去养养就好了，没必要住院，反复说医生就是想多收钱。无奈之下，杨某在做了简单的石膏外固定后，就由两个工友轮流将其背回工地。回到工地后，杨某被陈某安置在一处在建楼房的隔间里，躺了三四天，伤情不见好转，痛苦不堪的他让工友通知老家的妻子。杨某的妻子来到工地与工头陈某交涉，陈某提出来拿出1万元让杨某回老家治疗。杨某同意并在收条上签了字。第二天，陈某派人将杨某夫妇二人送上了回许昌的火车。杨某住进当地一家民营医院，手术共花费1.6万元。后因无力再支付住院治疗费，匆匆出院。

杨某受伤无法劳动，再次向陈某提出报销医疗费用以及误工损失，陈某则以双方的纠纷已经一次性解决为由拒绝再支付任何赔偿。

【以案释法】对于杨某来说，如果要向施工方提出索赔，必须证明两个事实：一是与施工方之间存在用工关系；二是在工作时摔伤造成伤害。实践中，建筑工程违法层层分包、转包基本上是建筑行业存在的一个普遍的现象。建筑工地雇用大批农民工，这些人基本无劳动合同、无社保保障，受雇于大大小小的包工头，工资支付无保障，而一旦发生工伤，包工头跑路，因无法证明劳动或雇佣关系而使索赔异常艰难。杨某夫妇除了在老家做手术时医院出具的收费单据和病历资料之外，二人手头再没有任何与纠纷相关的证据。另外，杨某与施工方和工头之间没有签订任何劳动或劳务合同，也没有缴纳社保，杨某尚未领取过工资，也无法提供任何可以证明用工关系的材料，杨某甚至都说不清楚工地施工方的具体名称。而事故发生后，杨某和工友未对事发现场情况留存任何证据，也未报警或呼叫急救车。杨某曾寄希望于工友能为自己提供证据，但是建筑工地的工人流动性强，开庭时未必在京。即便工友在京，如果施工方施压于他们，考虑到生计，也未必愿意为杨某作证。只能将证人证言作为辅助性证据，需要设法进一步收集证据。

为了获取证据，坐着轮椅的杨某由妻子推着来到了工地的项目部，找到陈某协商赔偿问题。经过一番争论，陈某坚持赔偿问题已经一次性解决，并拿出了收条，但他也承认杨某在事发工地上工作并在工作时摔伤的事实。杨某将整个协商过程偷偷录下来，并拿到了收条的复印件。同时，他将工地上的施工信息公示牌拍了下来，弄清楚了项目的施工单位。随后，杨某按照提供劳务者受害责任纠纷向法院起诉工头陈某、工程总承包方和实际施工单位共同承担赔偿责任。诉讼中通过鉴定机构鉴定，确定杨某所受伤害构成十级伤残。

虽然各被告方都极力否认与杨某存在雇佣关系和他在工地受伤的事实，但经过法庭调查，杨某受雇于包工头并在事发工地受伤的事实清楚明确。为尽快拿到赔偿款，杨某在法庭的调解下与被告方达成和解，除了已经支付的1万元赔偿款外，由施工单位再赔偿杨某13万元。根据《最高人民法院关于审理人身损害赔偿案件适用法律若干问题的解释》第十一条的规定，建筑工人在建筑工地干活时受伤，除包工头应承担赔偿责任外，将工程非法转包或分包给包工头的建筑公司均应承担连带赔偿责任。

另外，关于签订“私了协议”后，能否再次提出索赔？按照合同法规定，一方以欺诈、胁迫的手段或者乘人之危，使对方在违背真实意思的情况下订立的合同，受损害方有权请求人民法院或者仲裁机构变更或者撤销。就本案来说，工头陈某私了仅给了杨某1万元的赔偿款，并在收条上注明了“一次性解决，以后概不负责”，但这1万元不够支付杨某的手术费用。因此私了协议有失公平，根据法律杨某有权要求变更或者撤销该私了协议，并按照法定标准主张赔偿。

154. 农民工在非法用工单位打工发生工伤，获得一次性赔偿金的标准是怎样的？

根据非法用工单位伤亡人员一次性赔偿办法的规定，一次性赔偿金按照以下标准支付：一级伤残的为赔偿基数的16倍，二级伤残的为赔偿基数的14倍，三级伤残的为赔偿基数的12倍，四级伤残的为赔偿基数的10倍，五级伤残的为赔偿基数的8倍，六级伤残的为赔偿基数的6倍，七级伤残的为赔偿基数的4倍，八级伤残的为赔偿基数的3倍，九级伤残的为赔偿基数的2倍，十级伤残的为赔偿基数的1倍。赔偿基数，是指单位所在工伤保险统筹地区上年度职工年平均工资。

受到事故伤害或者患职业病造成死亡的，按照上一年度全国城镇居民人均可支配收入的20倍支付一次性赔偿金，并按照上一年度全国城镇居民人均可支配收入的10倍一次性支付丧葬补助等其他赔偿金。

155. 什么是生育保险？农民工可以享受生育保险吗？

生育保险是在怀孕和分娩的妇女职工暂时中断劳动时，由国家和社会提供医疗服务、生育津贴和产假的一种社会保险制度。

根据我国社会保险法的规定，职工应当参加生育保险，由用人单位按照国家规定缴纳生育保险费。农民工属于用人单位的职工，农民工有权享受生育保险。

156. 生育保险是否全部由用人单位缴纳？

根据我国社会保险法规定，职工应当参加生育保险，由用人单位按照国家规定缴纳生育保险费，职工不缴纳生育保险费。根据企业职工生育保险试行办法规定，生育保险根据“以支定收，收支基本平衡”的原则筹集资金，由企业按照其工资总额的一定比例向社保经办机构缴纳生育保险费，建立生育保险基金。生育保险费的提取比例由当地政府根据计划内生育人数和生育津贴、生育医疗费等项费用确定，并可根据费用支出情况适时调整，但最高不得超过工资总额的1%。企业缴纳的生育保险费作为期间费用处理，列入企业管理费用。职工个人不缴纳生育保险费。

157. 生育保险待遇是否可以惠及参保人员的配偶？

可以。根据社会保险法规定，用人单位已经缴纳生育保险费的，其职工享受生育保险待遇；职工未就业配偶按照国家规定享受生育医疗费用待遇。所需资金从生育保险基金中支付。生育保险待遇包括生育医疗费用和生育津贴。

158. 哪些费用属于生育医疗费用？生育医疗费用有何特点？

生育医疗费用包括下列各项：（1）生育的医疗费用；（2）计划生育的医疗费用；（3）法律、法规规定的其他项目费用。

生育医疗费用的特点主要有以下三点：（1）生育保险待遇从生育之前的孕期即开始支付，事先保障和事后保障相结合；（2）医疗服务范围的确定性。生育保险的检查项目、治疗手段大都是基础性服务项目，医疗服务项目相对比较固定、费用也比较低廉；（3）生育保险医疗服务保障水平高于医疗保险，没有规定起付线和封顶线，门诊产前检查、住院分娩或者出现高危情况下的医疗费用均可由生育保险基金支付。

159. 什么是生育津贴？可以享受生育津贴的情形有哪些？

生育津贴，是指国家法律、法规规定对职工因生育而离开工作岗位期间，给予的生活费用。根据社会保险法的规定，职工有下列情形之一的，可以按照国家规定享受生育津贴：（1）女职工生育享受产假；（2）享受计划生育手术休假；（3）法律、法规规定的其他情形。生育津贴按照职工所在用人单位上年度职工月平均工资计发。

十、劳动争议

160. 什么是劳动争议？劳动争议包括哪些种类？

劳动争议是指劳动关系当事人因劳动权利和义务而发生的争议。这种争议的双方当事人，一方是用人单位，另一方是职工。根据劳动争议调解仲裁法的规定，劳动争议主要包括以下几类：（1）因确认劳动关系发生的争议；（2）因订立、履行、变更、解除和终止劳动合同发生的争议；（3）因除名、辞退和辞职、离职发生的争议；（4）因工作时间、休息休假、社会保险、福利、培训以及劳动保护发生的争议；（5）因劳动报酬、工伤医疗费、经济补偿或者赔偿金等发生的争议；（6）法律、法规规定的其他劳动争议。

161. 发生劳动争议，农民工可以通过哪些途径解决？

根据劳动争议调解仲裁法第四条、第五条的规定，发生劳动争议，农民工可以与用人单位协商，也可以请工会或者第三方共同与用人单位协商，达成和解协议；农民工不愿协商、协商不成或者达成和解协议后不履行的，可以向调解组织申请调解；不愿调解、调解不成或者达成调解协议后不履行的，可以向劳动争议仲裁委员会申请仲裁；对仲裁裁决不服的，除法律另有规定的外，可以向人民法院提起诉讼。

以案释法 32

劳动监察责令老板支付员工工资

【案例介绍】2013年5月16日，一家酒店因经营不善，亏损严重，拖欠进城务工的孙某等6名员工13000元工资。老板张某便暗地联系买主，想将酒店转手后回宜昌老家，从而“蒸发”员工工资。员工发现此信息后，迅速向市劳动监察支队进行了举报。接到举报后，市劳动监察支队迅速派劳动监察员到酒店调查了解具体情况，收集相关证据，并及时与正准备接手酒店的老板刘某取得联系。通过批评教育及政策宣传，劳动监察支队责令张某与员工核对工资后，在刘某支付的转让金中全额支付了员工工资。

【以案释法】劳动法规定，工资必须在用人单位与劳动者约定的日期支付，至少每月支付一次。劳动关系双方依法解除或终止劳动合同时，用人单位应当在解除或终止劳动合同时一次付清劳动者工资。在用人单位拖欠工资的情况下，农民工要先和用人单位协商，如果协商无法解决，则应及时向当地劳动保障监察机构投诉举报。

162. 在劳动争议案件中，农民工需要提供证据吗？

根据劳动争议调解仲裁法第六条的规定，发生劳动争议，农民工对自己提出的主张，有责任提供证据；与争议事项有关的证据属于用人单位掌握管理的，用人单位应当提供；用人单位不提供的，应当承担不利后果。

根据《最高人民法院关于审理劳动争议案件适用法律若干问题的解释（三）》第九条的规定，农民工主张加班费，应当就加班事实的存在承担举证责任；但有证据证明用人单位掌握加班事实存在的证据，用人单位不提供的，由用人单位承担不利后果。

163. 发生劳动争议的农民工人数众多，是否可以推举代表？

根据劳动争议调解仲裁法第七条的规定，发生劳动争议的农民工一方人数在十人以上，并且有共同的请求，就可以推举代表参加调解、仲裁或者诉讼活动。

164. 发生劳动争议，农民工可以向哪些组织申请调解？

根据劳动争议调解仲裁法的规定，发生劳动争议，当事人可以到下列调解组织申请调解：企业劳动争议调解委员会；依法设立的基层人民调解组织；在乡镇、街道设立的具有劳动争议调解职能的组织。企业劳动争议调解委员会由职工代表和企业代表组成。职工代表由工会成员担任或者由全体职工推举产生，企业代表由企业负责人指定。企业劳动争议调解委员会主任由工会成员或者双方推举的人员担任。

165. 农民工申请劳动争议调解，必须书面申请吗？

根据劳动争议调解仲裁法第十二条的规定，当事人申请劳动争议调解可以书面申请，也可以口头申请；口头申请的，调解组织应当当场记录申请人基本情况、申请调解的争议事项、理由和时间。

166. 经调解达成协议的，是否应当制作调解协议书？

调解协议书是劳动争议双方达成调解的书面证明。根据劳动争议调解仲裁法的规定，经调解达成协议的，应当制作调解协议书。调解协议书由双方当事人签名或者盖章，经调解员签名并加盖调解组织印章后生效，对双方当事人具有约束力，当事人应当履行。

167. 用人单位不按调解协议支付金钱，农民工怎么办？

根据劳动争议调解仲裁法第十六条的规定，因支付拖欠劳动报酬、工伤医疗费、经济补偿或者赔偿金事项达成调解协议，用人单位在协议约定期限内不履行的，农民工可以持调解协议书依法向人民法院申请支付令，人民法院应当依法发出支付令。

168. 一方不履行调解协议，另一方可否申请仲裁？

可以。根据劳动争议调解仲裁法的规定，达成调解协议后，一方当事人在协议约定期限内不履行调解协议的，另一方当事人可以依法申请仲裁。当事人既可以以原劳动争议申请仲裁，也可以以调解协议申请仲裁。当事人一方以原劳动争议申请仲裁的，对方当事人以调解协议抗辩的，应当提供调解协议书；当事人一方申请仲裁委员会裁决对方当事人履行调解协议，对方当事人反驳的，有责任对反驳所根据的事实提供证据予以证明。当事人一方请求仲裁变更或者撤销调解协议，或者请求确认调解协议无效的，有责任对自己的请求所根据的事实提供证据予以证明。

以案释法㉝

百名农民工经调解获得经济补偿金

【案情介绍】王某等150人是来自吉安市乡下的农民工，于2010年至2012年1月期间在吉安市某有限公司打工。由于坐车方便，这些员工在下班后可以回家。2012年1月，公司突然宣布将公司全部搬迁至郊区，愿意留职的必须到郊区上班。公司的决定，引起了大部分员工的不满，他们认为：入司时签订的劳动合同载明了工作地点是“吉安市”，也载明了劳动者的相关权利。公司未召开职工代表大会，单方面将公司迁离市区，致使大部分员工离家远还交通不便，他们不愿意到新工作地点上班。公司导致劳动关系无法维持，应该根据劳动合同法的规定支付经济补偿金，而且公司历来没有依法发放加班工资，应该补发加班工资。公司不同意这些员工的要求，员工们就开始向政府部门上访，并且到劳动部门要求处理，还扬言要去公司新工作地点聚集，让公司无法经营。员工人数众多，情绪激动，而且普遍文化水平偏低，不知道正常的法律维权程序，有“把事情闹大”的冲动，纠纷愈演愈烈，给社会稳定带来了极大隐患。法律援助中心获知此事后，派出律师进行调解。首先，向员工和用人单位领导解释法律规定，努力沟通，争取调解，由于双方针锋相对，调解工作一度陷入僵局。

【以案释法】本案是一起集体劳动争议纠纷，涉及的农民工人数众多，农民工文化水平偏低，有不闹就无法维权的错误思想，而且希望短时间就能解决自己的诉求。引导和帮助老百姓依法维权，是避免矛盾激化的有效举措。

交涉中，企业认为，150名员工要求补偿金，公司没有这个先例，一旦支付，会影响集团公司的管理，同时企业辩解说，劳动合同载明了工作地点是“吉安市”，应该理解为整个吉安地区，这些员工不服从安排拒绝去吉安郊区上班，是员工违约，公司没有违约，不应该支付补偿金。

经劳动争议调解认为：首先，劳动合同载明了工作地点是“吉安市”，根据法律规定，公司认为工作地点是吉安地区，应该提供充分证据。否则就应该结合公司注册地点，作出有利于劳动者的理解，认定工作地点为吉安市区。其次，公司没有听取员工意见，突然搬离吉安市区，明显不当，又未依法支付加班工资。按照劳动合同法的精神，公司应该支付经济补偿金。最后，在调解律师的努力下，最终使得双方接受了调解意见，均作出了重大让步。2012年6月29日，双方当事人在劳动人事仲裁委员会签署了调解协议，员工们领到了相应的经济补偿金。

169. 申请劳动仲裁应该具备哪些条件？

（1）必须是劳动争议关系的当事人，即形成劳动关系的用人单位与职工；（2）有明确的被申诉人和事实理由及仲裁请求；（3）在当事人知道或者应该知道其权利被侵害之日起一年内（当事人主张权利或请求救济导致失效中断，或者因不可抗力或其他正当理由导致时效中止，或者在劳动关系存续期间因拖欠劳动报酬发生争议的，不受一年时效的限制，但是劳动关系终止的，应当自劳动关系终止之日起一年内提出）；（4）属于受理申请的劳动争议仲裁机构的管辖范围。上述条件是劳动争议当事人申请仲裁时应同时具备的条件，缺一不可。

170. 申请劳动仲裁必须提交书面申请书吗？申请书应当载明哪些事项？

根据劳动争议调解仲裁法第二十八条的规定，申请人申请仲裁应当提交书面仲裁申请，并按照被申请人人数提交副本；书写仲裁申请确有困难的，可以口头申请，由劳动争议仲裁委员会记入笔录，并告知对方当事人。

仲裁申请书应当载明下列事项：（1）劳动者的姓名、性别、年龄、职业、工作单位和住所，用人单位的名称、住所和法定代表人或者主要负责人的姓名、职务；

（2）仲裁请求和所根据的事实、理由；（3）证据和证据来源、证人姓名和住所。

171. 仲裁庭应当在多长时间内对劳动争议作出裁决？逾期未作出裁决农民工怎么办？

根据劳动争议调解仲裁法第四十三条的规定，仲裁庭裁决劳动争议案件，应当自劳动争议仲裁委员会受理仲裁申请之日起四十五日内结束。案情复杂需要延期的，经劳动争议仲裁委员会主任批准，可以延期并书面通知当事人，但是延长期限不得超过十五日。仲裁庭逾期未作出仲裁裁决，农民工可以就该劳动争议事项向人民法院提起诉讼。

172. 劳动仲裁收费吗？

劳动争议调解仲裁法第五十三条明确规定，劳动争议仲裁不收费，劳动争议仲裁委员会的经费由财政予以保障。

173. 就劳动争议向法院提起诉讼，需要符合哪些条件？

当事人对劳动仲裁不服的，自收到仲裁裁决书之日起15日内，可以向仲裁委员会所在地的同级人民法院起诉。对经过仲裁裁决，当事人向人民法院起诉的案件，符合起诉条件的，人民法院必须受理。当事人向人民法院提起劳动争议诉讼，必须符合以下条件：（1）起诉人必须是劳动争议的直接利害关系人，即是劳动关系的当事人；（2）该劳动争议案件已经仲裁委员会仲裁，当事人对仲裁裁决不服的；（3）必须有明确的被告、具体的诉讼请求和事实依据；（4）应当在法定期限内提出，即当事人对仲裁裁决不服的，应当在收到裁决书之日起15日内向人民法院提起诉讼；（5）属于人民法院受理民事诉讼的范围和受诉人民法院管辖。

174. 法院受理哪些劳动争议案件？

根据《最高人民法院关于审理劳动争议案件适用法律若干问题的解释（一）》第一条的规定，劳动者与用人单位之间发生的下列纠纷，不服仲裁裁决，依法向人民法院起诉的，人民法院应当受理：（1）劳动者与用人单位在履行劳动合同过程中发生的纠纷；（2）劳动者与用人单位之间没有订立书面劳动合同，但已形成劳动关系后发生的纠纷；（3）劳动者退休后，与尚未参加社会保险统筹的原用人单位因追索养老金、医疗费、工伤保险待遇和其他社会保险费而发生的纠纷。

根据《最高人民法院关于审理劳动争议案件适用法律若干问题的解释（二）》第四、五、六条的规定，下列争议经劳动争议仲裁委员会仲裁后，当事人依法起诉的，人民法院应予受理：（1）用人单位和劳动者因劳动关系是否已经解除或者终止，以及应否支付解除或终止劳动关系经济补偿金产生的争议；（2）劳动者与用人单位解除或者终止劳动关系后，请求用人单位返还其收取的劳动合同定金、保证金、抵押金、抵押物产生的争议，或者办理劳动者的人事档案、社会保险关系等移转手续产生的争议；（3）劳动者因为工伤、职业病，请求用人单位依法承担给予工伤保险待遇的争议。

根据《最高人民法院关于审理劳动争议案件适用法律若干问题的解释（三）》第一、二、三条的规定，以下争议人民法院应予受理：（1）劳动者以用人单位未为其办理社会保险手续，且社会保险经办机构不能补办导致其无法享受社会保险待遇为由，要求用人单位赔偿损失而发生争议的；（2）因企业自主进行改制引发的争议；（3）劳动者依据劳动合同法第八十五条规定，向人民法院提起诉讼，要求用人单位支付加付赔偿金的，人民法院应予受理。

175. 哪些争议不属于劳动争议？

根据《最高人民法院关于审理劳动争议案件适用法律若干问题的解释（二）》第七条的规定，下列纠纷不属于劳动争议：（1）劳动者请求社会保险经办机构发放社会保险金的纠纷；（2）劳动者与用人单位因住房制度改革产生的公有住房转让纠纷；（3）劳动者对劳动能力鉴定委员会的伤残等级鉴定结论或者对职业病诊断鉴定委员会的职业病诊断鉴定结论的异议纠纷；（4）家庭或者个人与家政服务人员之间的纠纷；（5）个体工匠与帮工、学徒之间的纠纷；（6）农村承包经营户与受雇人之间的纠纷。

176. 农民工维权主要有哪些途径？

（1）在职业中介机构被骗或者被用人单位侵权的，可以到当地劳动保障监察机构投诉；（2）与用人单位发生劳动争议的，可以到当地劳动仲裁委员会申请仲裁；对仲裁结果不服的，可以向当地人民法院提起诉讼；（3）到劳动保障部门投诉或申请工伤认定、要求支付社会保险待遇等，如果劳动保障部门有关机构拖着不办，或者劳动者对其处理结果不服的，可以申请行政复议或向当地人民法院提起诉讼；（4）如果遇到一些复杂的官司，对法律问题搞不懂的时候，可以到当地工会、妇联、共青团组织、当地新闻媒体、法律援助中心等部门寻求帮助；（5）如果想了解劳动保障政策，或者遇到具体问题需要咨询的时候，可以拨打“12333”免费劳动保障政策咨询热线电话，工作人员会给您详细的解答。

177. 用人单位拖欠工资可以通过哪些法律途径解决？

在用人单位拖欠工资的情况下，农民工要先和用人单位协商，如果协商无法解决，则可以通过以下法律途径来解决：（1）向当地劳动保障监察机构投诉举报；（2）向当地劳动争议仲裁委员会申请仲裁，需要注意的是，仲裁必须在知道或者应当知道自己的权利被侵害之日起一年内提出；（3）通过诉讼途径解决。诉讼解决分三种情况：一是针对劳动纠纷案件，经劳动仲裁后任何一方不服的，可以向法院提起诉讼；二是经仲裁后都服从，劳动仲裁裁决生效后，用人单位不执行的，农民工可申请法院强制执行；三是有用人单位的工资欠条作为证据，可直接向人民法院提起民事诉讼。

需要特别指出的是，在碰到拖欠工资等权益受到侵害的情况时，千万不能采取爬楼、堵路等过激行为和暴力等手段，一定要依靠法律途径来解决问题。否则，一时冲动不但于事无补，还有可能因触犯刑法被追究责任。

以案释法 34

发生欠薪可以要求动用建设单位工资保障金

【案例介绍】2009年1月，南昌市某房地产开发商欠薪逃匿。农民工多次向承建商索要均无果。后经南昌市建委会调查核实，向省建设厅、省人保厅提出申请，动用开发商和承建商在省级工资保障金账户中缴纳的工资保障金23.48万元，补发了农民工工资。

【以案释法】江西省规定建设单位（业主）和建筑施工企业需分别按工程造价的1%~1.5%缴纳工资保障金，在建筑企业拖欠农民工工资或因建设单位拖欠工程款而引发建筑企业拖欠农民工工资时，用于支付农民工工资。因此，当发生欠薪事件时，劳动者可以向人力资源社会保障部门、城乡建设部门反映情况。

十一、法律援助

178. 什么是法律援助？什么是法律援助机构？

法律援助是为经济困难的或者特殊案件的当事人提供完全免费的法律帮助的一种制度。服务的形式可以是法律咨询，代拟法律文书，提供刑事辩护，民事、行政诉讼代理，非诉讼法律事务代理等。目的是确保公民不会因缺乏经济能力或弱势处境而在法律面前处于不利地位，从而保护自己的合法权益。

法律援助机构是负责受理、审查法律援助申请，指派或者安排人员为符合规定条件的公民提供法律、司法方面帮助的部门、机关。法律援助机构是由直辖市、设区的市或者县级人民政府司法行政部门根据需要在本行政区域内确定的。

179. 哪些事项可以请求法律援助？

根据法律援助条例第十条的规定，公民对下列需要代理的事项，因经济困难没有委托代理人的，可以向法律援助机构申请法律援助：(1) 依法请求国家赔偿的；(2) 请求给予社会保险待遇或者最低生活保障待遇的；(3) 请求发给抚恤金、救济金的；(4) 请求给付赡养费、抚养费、扶养费的；(5) 请求支付劳动报酬的；(6) 主张因见义勇为行为产生的民事权益的。省、自治区、直辖市人民政府可以对前款规定以外的法律援助事项作出补充规定。

180. 哪些人可以获得法律援助？

根据法律援助条例第十一条的规定，刑事诉讼中有下列情形之一的，公民可以向法律援助机构申请法律援助：(1) 犯罪嫌疑人在被侦查机关第一次讯问后或者采取强制措施之日起，因经济困难没有聘请律师的；(2) 公诉案件中的被害人及其法定代理人或者近亲属，自案件移送审查起诉之日起，因经济困难没有委托诉讼代理人的；（3）自诉案件的自诉人及其法定代理人，自案件被人民法院受理之日起，因经济困难没有委托诉讼代理人的。

根据法律援助条例第十二条的规定，公诉人出庭公诉的案件，被告人因经济困难或者其他原因没有委托辩护人，人民法院为被告人指定辩护时，法律援助机构应当提供法律援助。被告人是盲、聋、哑人或者未成年人而没有委托辩护人的，或者被告人可能被判处死刑而没有委托辩护人的，人民法院为被告人指定辩护时，法律援助机构应当提供法律援助。

181. 申请法律援助应该提交哪些证明材料？

公民申请代理、刑事辩护的法律援助应当提交下列证件、证明材料：（1）身份证或者其他有效的身份证明，代理申请人还应当提交有代理权的证明；（2）经济困难的证明；（3）与所申请法律援助事项有关的案件材料。

申请应当采用书面形式，填写申请表；以书面形式提出申请确有困难的，可以口头申请，由法律援助机构工作人员或者代为转交申请的有关机构工作人员作书面记录。

法律援助机构收到法律援助申请后，应当进行审查；认为申请人提交的证件、证明材料不齐全的，可以要求申请人作出必要的补充或者说明，申请人未按要求作出补充或者说明的，视为撤销申请；认为申请人提交的证件、证明材料需要查证的，由法律援助机构向有关机关、单位查证。对符合法律援助条件的，法律援助机构应当及时决定提供法律援助；对不符合法律援助条件的，应当书面告知申请人理由。

以案释法㉟

援助律师为被打保安争取到人身损害赔偿

【案例介绍】保安张某在工作过程中，为保护小区内公共设施，被不法分子殴打，造成八级工伤。其所在单位却以张某寻衅滋事引起第三方对其造成伤害为由，拒绝支付工伤的各项赔偿。法律援助律师4次找派出所、物业、工友取证，经过劳动仲裁2次开庭，终于为张某挽回80278元的工伤赔偿金。

【以案释法】这个案例涉及了两个方面的问题，第一是人身损害赔偿问题，第二是工伤赔偿问题。人身损害赔偿是由对当事人造成人身损害的第三方承担赔偿。张某在工作过程中，被第三人殴打致伤，可以通过司法程序向打人者索取人身损害赔偿。工伤赔偿问题相对复杂一些，本案在工伤认定的过程中也产生了争议。根据工伤保险条例第十四条的规定，在工作时间和工作场所内，因履行工作职责受到暴力等意外伤害的，可以定为工伤，因此张某的情况应该认定为工伤。工伤认定后，根据我国工伤保险条例的规定，可以从工伤社保基金中获得赔偿，这样张某就可以获得两份工伤赔偿。也就是说，工伤赔偿一部分由社保基金承担，其余部分由单位承担。而社保基金是有时效性的，过了一年的时效期，就不能申请赔偿了。工伤赔偿仅限于签有劳动合同的情况，如果是临时性的劳务关系，就不能申请工伤赔偿，只能得到人身损害赔偿。

182. 申请法律援助，应该向哪些机构提出？

根据法律援助条例第十四条的规定，公民就本条例第十条所列事项申请法律援助，应当按照下列规定提出：(1) 请求国家赔偿的，向赔偿义务机关所在地的法律援助机构提出申请；(2) 请求给予社会保险待遇、最低生活保障待遇或者请求发给抚恤金、救济金的，向提供社会保险待遇、最低生活保障待遇或者发给抚恤金、救济金的义务机关所在地的法律援助机构提出申请；(3) 请求给付赡养费、抚养费、扶养费的，向给付赡养费、抚养费、扶养费的义务人住所地的法律援助机构提出申请；(4) 请求支付劳动报酬的，向支付劳动报酬的义务人住所地的法律援助机构提出申请；(5) 主张因见义勇为行为产生的民事权益的，向被请求人住所地的法律援助机构提出申请。

根据法律援助条例第十五条的规定，本条例第十一条所列人员申请法律援助的，应当向审理案件的人民法院所在地的法律援助机构提出申请。被羁押的犯罪嫌疑人的申请由看守所在24小时内转交法律援助机构，申请法律援助所需提交的有关证件、证明材料由看守所通知申请人的法定代理人或者近亲属协助提供。

183. 在哪些情况下，法律援助终止？

根据法律援助条例第二十三条的规定，有下列情形之一的，办理法律援助案件的人员向法律援助机构报告，法律援助机构审查核实后，终止该项法律援助：(1) 受援人的经济收入状况发生变化，不再符合法律援助条件的；(2) 案件终止审理或者已被撤销的；(3) 受援人又自行委托律师或者其他代理人的；(4) 受援人要求终止法律援助的。

184. 国家对农民工的法律服务和法律援助工作有哪些规定？

《国务院关于解决农民工问题的若干意见》规定，要把农民工列为法律援助的重点对象。对农民工申请法律援助，要简化程序，快速办理。对申请支付劳动报酬和工伤赔偿法律援助的，不再审查其经济困难条件。有关行政机关和行业协会应引导法律服务机构和从业人员积极参与涉及农民工的诉讼活动、非诉讼协调及调解活动。鼓励和支持律师和相关法律从业人员接受农民工委托，并对经济确有困难而又达不到法律援助条件的农民工适当减少或免除律师费。政府要根据实际情况安排一定的法律援助资金，为农民工获得法律援助提供必要的经费支持。

185. 针对建设领域拖欠工程款和农民工工资现象，怎样提供法律援助？

司法部、建设部于2004年11月6日出台《关于为解决建设领域拖欠工程款和农民工工资问题提供法律服务和法律援助的通知》规定，司法行政机关要引导和发动法律服务人员，积极参与建设领域纠纷当事人之间的非诉讼协商、调解活动，使拖欠工程款问题尽可能通过非诉讼方式得到妥善解决。对确需通过诉讼方式解决的案件，鼓励和支持律师接受农民工委托，代理其参加诉讼或与相关单位进行协商、达成和解；对于经济确有困难又达不到法律援助条件的农民工，可以适当减少或免除律师费。法律服务机构应对此类案件建立质量监督机制，在受理、办理、结案等环节建立案件质量的量化标准，完善监督检查措施，确保办案质量。对群体性农民工案件及其他重大、疑难案件要建立集体讨论制度。司法行政机关对法律服务机构代理农民工案件，要加强管理，跟踪指导，采取收集各方反馈意见、出庭旁听、抽查卷宗、检查评比等办法，努力保证农民工都能得到优质高效的法律服务。

以案释法 36

劳动监察督促老板以现金发工资而不是以产品充抵

【案例介绍】2008年春节前夕，几名在某针织厂上班的女工来监察部门反映，厂方拖欠她们一个月工资，但老板以货款未回为由，将厂里生产的毛巾发给职工，说是用来抵发工资。接到举报后，劳动监察员迅速调查此事，得知的确是因为厂方货款未能及时结回，工资支出暂时出现困难。考虑到实际情况，劳动监察员一方面向厂方宣讲有关政策，另一方面督促厂方老板积极想办法筹措资金，保证在春节前足额发放拖欠的职工工资。三天后，厂方足额发放了拖欠职工的一个月工资。

【以案释法】劳动法规定工资应当以货币形式按月支付给劳动者，不得克扣或者无故拖欠劳动者工资。工资应当以货币形式按月支付给劳动者本人。

十二、农民工日常安全知识

186. 乘坐公共汽车如何防扒窃？

（1）上车最好不要将背包放在身后，手机最好拿在手中；（2）在车上应将包放在胸前或拎得很低，尽量不要远离视线；（3）车厢拥挤时，尽量不要敞开西服或夹克衫，放钱包的口袋要扣好；（4）女士不要将钱包、现金、手机等放在透明或薄的包内，当心包被割；（5）在车上最好不要打开包，暴露钱物；（6）遇有不停向身边挤靠的人员要特别提高警惕，注意留心身边人的举动；（7）乘长途汽车，放在车架上的包最好用锁锁好，现金要随身携带。

187. 公共场合如何防盗？

针对公共场合中的盗窃，如何防范应注意以下几点：（1）不要毫无目的地携带大量现金逛商场。有目的的购物时，现金也应妥善保管，不要放在包中，最好贴身携带。（2）当你一个人在商场试衣服时，一定要时刻记得包不要离身，别怕麻烦，把包一起带进去就是了。千万不要让售货员帮你看管，当顾客多的时候，售货员根本就照顾不过来。（3）在外用餐，衣服和手包应不脱离视线，切不可喝得忘乎所以、人事不知，将个人物品安全抛到九霄云外。（4）在理发店或饭店等公共场所，一定不要让包脱离自己的视线。在饭店就餐时，如想将外衣搭在身后的椅子靠背上，要把外衣中的现金和贵重物品拿出，贴身保管。（5）在超市购物时，因为包都是封在相同的袋子里，在挑选商品时，很容易给作案人可乘之机，实施调包。因此，在顾客较多的超市内购物时，一定要看好自己封包的袋子，谨防调包。

188. 遇到街上丢包陷阱怎么办？

生活中你可能会遇到这种情况，一个在你面前“无意”丢下一包东西，被丢的包里往往装满假钞票、假金首饰，另一个人上前假意与你一起发现被丢的包，要求平分你拾到的东西，并花言巧语让你得大部分，但要你拿出身上的钱或佩戴的金饰抵押。这时请你不要贪图小利，利令智昏，应将拾到的东西送交派出所或打110报警，有可能的话稳住骗子，以利于公安机关打击违法犯罪分子。

189. 怎样警惕路边骗局？

农民工要尽可能多地了解路边骗局以防止被骗。路边骗局主要有以下几种情况：（1）以假外币、假药、假首饰、假字画、假古董、假钻石、假邮票、假宝石为道具。起先由一人在火车站、汽车站、农贸市场、街市上与你套近乎。自称家中有难急需脱手手中的外币或祖上留下的“宝物”，愿意低于市价出售。在你犹豫不决时，会出现一个“托儿”，称是这方面的行家里手，比如自称是银行职员、医生、古董专家等。这些人出场后，会对假货进行鉴别并进行肯定。你如还不上钩，又会有一人出场，以高于市价收购，假装与你争抢，引你心动，让你昏头昏脑地拿出银行存折、首饰或从亲朋好友处借来钱款购买。（2）在车上、街头、旅馆或其他公共场所，以扑克、象棋残局、套红绿铅笔、套杯子等设局，利用你的赌博心理进行诈骗，这种骗术，往往有五六个人搭配进行，俗称“连裆麻子”。行骗时一人设置赌局，旁边几个“托儿”一起参加赌局，且稳赢。见你心动，他们就会邀你入局，开始时让你赢一点，然后骗完你口袋里的钱财。（3）所谓的和尚、道士、尼姑、算命先生单独行动，他们先在某地与你套近乎，在闲聊中了解你的基本情况。你若讲出家中的不幸，他们就开始行骗，称你印堂发黑，家中最近有血光之灾，等等。在你惊慌失措忙问有何办法消灾时，他则不慌不忙“面授机宜”，称只要拿出一定钱财用纸包住，他则可作法消灾，贴上他的法符，让你将钱财放到箱底等隐蔽之处，并千叮咛万嘱咐要在一个月后再开启，血光之灾自然会消失。当你一个月后虔诚地开箱取物时，却发现钱财已不翼而飞，变成了一沓废纸，原来骗子早已调了包。（4）一个人在火车或汽车上大叫“我喝的健力宝中奖了，三五牌香烟中奖了，康师傅面中奖了”。他一叫嚷，其他骗子往往惊呼不菲的奖励价值，有骗子做抢夺样，有骗子便在旁边怂恿你低价买入奖牌赚他一笔。你若上了圈套，钱财就流入骗子之手。（5）有的骗子常冒充街头小商小贩，先假装出售比较便宜的东西，之后与你大钞换小钞或小钞换大钞，此时他会问你时间，当你看时间时，他已做了手脚。（6）街头偶遇一位老板，要与你做一笔生意，正谈着，有路人恭敬地与老板打招呼。在你喜滋滋地盘算进账时，老板接到一个电话，说家人突遇天灾人祸，不巧的是，老板身边没有现金只有外币，于是当他向你借钱或对换，你的钱财将入骗子之手。

190. 外出务工者应防止哪些拐骗手段？

近年来，一些不法分子采用种种骗术，使不少外出务工者屡屡上当。其中常见的有：（1）以“职业介绍机构”行骗。合法的职业介绍机构必须持有劳动就业管理部门核发的职业介绍许可证和工商行政部门的营业执照，并在劳务市场内进行。（2）以“经纪人”“介绍人”行骗。常常以介绍工作为幌子骗取报名费、中介服务费，伺机溜走。（3）以“亲友”关系行骗。以交朋友、谈恋爱、介绍婚姻为幌子，骗人上当，伺机拐卖。（4）以“师徒”关系行骗。以拜师学艺为幌子，伺机拐骗。（5）冒充厂方招聘人员行骗。以高薪为诱饵，专在职介所旁边，伺机寻找“猎物”。一旦发现上当受骗，要及时向当地劳动监察大队、公安派出所报案。

以案释法 37

出国务工多留个心眼有资质中介才可信

【案例介绍】燕矶镇的汪某，2014年3月看到市一家职介机构张贴了去韩国打工的广告，就缴纳了2000元押金和前期费用1万元。可是，在家苦等了4个多月，还没有等到出国通知。他多次到职介所询问，得到的回答是总是等着、等着……

汪某没办法遂打电话举报。接到举报后，劳动监察部门立即立案调查，发现该职介所是受武汉一家涉外中介机构的委托，代招赴韩国务工人员。经过与武汉涉外中介机构协商，全额退还了汪某12000元钱。

【以案释法】根据我国《境外就业中介管理规定》的相关规定，求职者在找工作时，要到持有境外中介机构许可证、工商营业执照的合法中介机构求职，并要求对方提供境外雇主的详细情况及联系方式，并与境外就业中介机构签订服务协议书，明确服务项目、收费标准、出现纠纷的赔偿条款等；与境外雇主签订劳动合同确定工作期限、工作地点、工作内容、劳动报酬、违约责任等。

191. 如何防范飞车抢夺?

飞车抢夺案多发生在酒店、车站、十字路口等人流复杂、道路宽阔的地方。飞车抢夺的对象多以女性为主，根据飞车抢夺的特点，受害人往往为单身夜行的女性。案犯作案手法有两种：一是两三人骑摩托车，由后座上的人抢夺；二是驾小车抢夺。两种作案方法的作案时间多为夜间10点至凌晨5点之间，而有些歹徒在晚上7点就下手了，作案地点多在小巷及便于逃脱的岔路口。针对飞车抢夺，防范手段如下：（1）夜间外出的女性要注意走在人多光线亮的地方，最好不要单独行走；（2）在道路上行走时，一般逆着马路行走，这样歹徒就不容易下手；（3）对于悄悄驶近的摩托车、小车要特别注意防范；（4）若要夜间独自外出，骑车者可把包带绕在自行车车头上；（5）若有人在身后打招呼，千万不要让包离开自己的视线。

192. 如何预防麻醉抢劫？

（1）对试图与自己表示亲近的陌生人，在无法确认其真实意图的情况下，不能随意接受其提供的饮料、茶水及香烟、食物等；（2）在看管好自己的财物的同时，不能轻易地让对方获悉自己随身携带的钱财，一般情况下，作案人不会对一个没有“价值”的目标下手；（3）对不知底细的生意人，最好安排在自己选择的场所交谈，或者提前告诉家人、同事自己的具体去向、事由、时间，或让人定时与自己联系，尽量不给有歹心的人以可乘之机。

193. 遇到无赖讹诈怎么办？

当你外出，遇到无赖突然歪倒在你的车前，谎称你将他撞倒，要求你给医药费、损失费，或是他们故意与你迎面相撞，将不值几文的变色镜、所谓的“金表”扔到地上，说是你把它们撞坏了，必须赔偿。碰上这种情况，你不必跟他争吵，你说那行，咱们上派出所去处理，如这招不灵，你可以称你身上没有带钱，可跟我回住处取等方法与之周旋，并寻机会向附近的派出所报案。

194. 女性单独夜归要注意哪些事项？

要留意身后是否有人盯梢，在偏僻的路段如有人始终跟在不远处的身后，尤其要提高警惕。怀疑被人跟踪时，则要向灯火较亮、行人集中的地方行走。确定被人跟踪时，应避免停下来与对方正面冲突，而应就地进入热闹的商店或有治安人员的地方，或找最近的居民家向主人求援并打电话与家人、朋友联系。

195. 遇到意外交通事故时怎么办？

迅速呼救，记下肇事车辆车牌号，让他人迅速报警并与家人取得联系，记住目击证人，尽量不要单独随肇事车辆、人员去救治。

以案释法 38

农民工子女交通事故能否按城镇居民标准

【案例介绍】诚诚的父母从广西灵山农村到南宁务工。一年后，父母将诚诚接到南宁，一家三口在某社区租房居住，诚诚就近入读亭子小学。2009年6月27日下午

4时26分，诚诚在放学回家途中横穿白沙大道时被一辆混凝土作业车撞倒，当场死亡。事后，交警部门作出事故责任认定。经检测，混凝土作业车机件不符合技术标准。另外，该车司机未能在确保安全的情况下通行，而诚诚横过马路时未走人行天桥，最终导致事故的发生。双方应在事故中承担同等责任。

诚诚的死亡，让其父母悲痛欲绝。2009年底，诚诚父母一纸诉状，将肇事司机、肇事车辆所属单位混凝土公司，以及肇事车辆投保的保险公司诉至江南区法院，要求赔偿各项损失共计342580元，其中包括精神损害赔偿金5万元。

在案件审理过程中，诚诚父母撤回了对肇事司机的起诉。法庭上，混凝土公司对交通事故的发生以及交警部门的责任认定没有异议，但认为，诚诚为农村户口，其死亡赔偿金应按农村标准计算赔偿数额。另外，在这一事故中，诚诚有明显过错责任，其父母主张的精神损害赔偿金不符合法律依据。对此，诚诚父母坚持认为，诚诚虽然是农村户口，但在城市居住生活5年，应按照城镇居民标准计算赔偿数额，并当庭提交了暂住证、诚诚所在学校证明及小学生报告手册作为证据。

【以案释法】法院根据交警部门的事故责任认定，判诚诚父母自行承担40%的赔偿责任。肇事司机系混凝土公司职工，是在履行职务过程中造成诚诚父母的死亡，故混凝土公司有责任代其赔偿。对于诚诚是否该按照城镇居民人均消费支出计算赔偿这一问题，法院判定，诚诚户籍虽然在农村，但跟随父母到南宁生活，持续居住已超过一年，依照相关规定，法院确定其赔偿金适用城镇居民标准计算。诚诚在事故中死亡，其父母遭受巨大精神痛苦，故精神损害赔偿金应予支持。

但鉴于该事故诚诚本人存在过错，故法院酌情支持部分金额。法院一审判决，交通事故中的肇事车辆已投保交强险，故保险公司应向诚诚支付丧葬费、死亡赔偿金11万元；保险公司不能支付上述费用时，混凝土公司承担连带责任。另外，混凝土公司向诚诚父母赔偿死亡赔偿金11万余元，赔偿精神损害赔偿金6000元。

196. ATM机取款时应注意些什么问题？

（1）不论ATM机上的公告或通知是否加盖公章，只要是要求转到指定账户，该公告或通知一定有问题；（2）正常吞卡，机器会吐出吞卡凭条，屏幕也会提示吞卡，持卡人可凭条到管理行领回卡；（3）取款时先观察有无多余设置，输密码时，尽量避免别人偷看；（4）取款成功机器未吐钱，应多等几分钟，查看出钞口有无异常，并直接向管理单位咨询，千万不要接受“热心人”的帮助。

197. 怎样做到安全用电？

（1）严格按照电器使用说明使用电器。（2）在使用电器时，应先插电源插头，后开电器开关。用完电器后，应先关掉电器开关，后拔电源插头。严禁身体直接接触导体，不得硬拉电线。（3）湿手不要接触带电设备，不要用湿布接触带电设备。（4）带金属外壳的可移动电器，应使用三芯塑料护套线或三眼插座、三脚插头。插座内务必安装接地线，但不要把接地线接到自来水管或煤气管上。（5）不要在电线上悬挂物品或晾晒衣物。（6）遇到电器设备冒火、原因不明时千万不要直接用手拔掉插头或拉闸刀，应用绝缘物拔掉插头或断开闸刀，先切断电源再灭火。（7）发现电线断落，无论断电与否，都应视为带电，应与其保持足够的距离，并及时报告有关部门。发现有人触电，不能直接接触触电者，应用干木棒或其他绝缘物将电源线挑开，使触电者脱离电源。

198. 怎样防止煤气中毒？

使用煤炉或煤气，最要紧的是做好排气通畅，千万不能心存侥幸。煤气中毒初始，患者会感到头晕、耳鸣、恶心，进而眼花，站立不稳，此时如能及时脱离中毒现场或打开门窗通风，即使不经治疗，数小时后也可恢复健康。中毒时间长，会使人产生昏迷，甚至死亡。昏迷时间越长，产生的后遗症越严重。

一旦发现有人煤气中毒，救护者应在室外大吸一口空气，用湿毛巾捂住鼻子嘴巴，进入室内应先打开门窗，再关掉煤气开关。注意千万不要开电灯或使用打火机、火柴等，以防爆炸。应尽快将患者移至空气新鲜和通风良好的地方展开救治。当自己感到煤气中毒时，不要慌张，应迅速打开门窗，关闭煤气，撤离现场，如无力打开门窗，可砸开门窗玻璃等，使之通风，并呼叫求援。

199. 如何防止食物中毒？

（1）把好选购关。选购食品时要向有信誉的贩卖商购买，要注意包装上是否标明有效日期和制造日期。（2）把好清洗关。对菠菜、白菜、黄花菜、韭菜花等，可以用清水浸泡除毒。对青椒、芹菜、豆角、西红柿等，在下锅前先烫5分钟，可清除部分残毒。对茎类蔬菜如红白萝卜、土豆以及瓜果蔬菜（如冬瓜、黄瓜、苦瓜等）和外表不平或多

细毛的蔬果，最好削皮后再用清水漂洗一下。（3）把好贮存关。贮存食物，要做到防蝇、防热、防潮、防鼠、防毒。剩菜剩饭要放在冰柜内或阴凉通风处，第二餐吃时须再次加热煮透，因为有的剩饭虽然看起来并未变馊，但仍有病菌生长繁殖，如果只用开水烫热，吃后仍有中毒的危险。一些煮过的食品，若没有凉透就堆放过夜，也容易引起中毒。

200. 发生火灾怎样避险？

如果发生火灾，无论什么情况都要保持冷静，迅速判断出危险处和安全地点，果断采取必要的自救措施或扑火。如果火势难以控制，应尽快撤离险境。拨打火警119报警时，应说明失火的详细地址、周围的显著标志、燃烧物、火势大小。如果在大楼里遇到火灾可以采取以下办法逃生：（1）在房间内要把门关严，用湿毛巾把门缝堵严；（2）楼层低的房间，可以利用床单、被罩结绳从窗外滑行；（3）可以利用通讯工具寻求援助，或者往窗外扔东西以引起救援人员的注意；（4）要用湿手巾捂住鼻、口，防止窒息；（5）高层楼的房间，有机会往外逃生，一定要往下层走，并且弯腰或匍匐行走；（6）在一、二层房间可以选择比较安全的地点跳楼逃生。切忌乘电梯逃生，或者往死角里躲，更不要为寻找房间里的贵重物品而耽误时间。

201. 发生火灾时如何正确拨打火警电话？

（1）牢记火警电话119；（2）报警时要讲清着火单位、所在区、街道、门牌号或乡村地区；（3）说明什么东西着火，火势怎样；（4）讲清报警人姓名、电话号码和住址；（5）报警后要安排人到路口等候消防车，指引消防员去火场的道路。

202. 常用的灭火方法有哪些？

（1）液化石油气或管道煤气、天然气因漏气着火时，可将毛巾或抹布等浸湿捂住火点，同时迅速关闭阀门；（2）如果油锅着火，千万不要用水扑救，更不能直接用手去端。而应该立即拿起锅盖从身体一侧向前将起火的油锅盖上或将切好的菜放入锅内，锅里的油水隔绝了空气就会自动熄灭了；（3）一旦家用电器着了火，要立即拉闸断电，或拔下插销，然后用毛毯或湿棉被捂盖。千万不要用水扑救，因为水能导电，容易造成触电伤人。

203. 出租房屋消防安全应注意哪些问题？

（1）建筑面积每80平方米（约6至7间出租房）、商业店面每20平方米均须配置1至4千克干粉灭火器；（2）疏散楼梯、疏散通道口须安装应急照明灯；（3）建筑结构复杂的，通道应设置疏散指示灯、标志；（4）疏散通道不得设置防盗门，底层店面不得与出租屋共用楼梯；（5）出租房不得混设工厂、仓库。

以案释法 39

出租屋内火灾致人身损害，出租人、承租人如何担责？

【案例介绍】陈某在南宁市某小区租用郝某夫妇的房屋，用于其经营的美容院的员工及其女儿的休息室。在陈某入住时，并没有对房屋进行装修，屋内的照明及电气线路均为出租方郝某夫妇聘请他人进行安装。2012年5月3日，陈某因需出差广州，其美容院及小女儿需要照看，陈某便请老人李某代劳照看。陈某与老人李某一家熟识多年，李某时常帮陈某照看美容院，照顾其女儿，陈某也会适当给李某一些酬劳。5月4日当晚，李某到该房屋内陪陈某的女儿。5月5日清晨5时47分，该房屋发生了火灾，李某未能及时从房屋中逃出，被严重烧伤。后送医院救治无效死亡。

火灾发生后，南宁市公安消防大队作出《火灾原因认定书》，认定火灾的原因为：房屋内客厅距客厅吊顶上的筒灯的电气线路故障打火，引燃周围可燃物造成火灾。

【以案释法】法院审理认为，出租人郝某夫妇作为房屋的所有权人，应对其出租房屋的基本配套设施负有安全保障义务，应排除安全隐患，以避免危及实际使用人的生命健康权。现由于房屋电气线路故障打火引发火灾，郝某夫妇对该次火灾的发生存在过错，应对李某的死亡承担相应的民事赔偿责任。陈某与李某一家相识多年，为照看陈某女儿到该房屋休息并不违反日常生活常态。陈某在承租屋内摆放了纸箱等可燃物品及药品，致使房屋存在火灾安全隐患，导致火灾发生后火势的扩大。由于陈某对出租屋的使用不当，其对该次火灾发生亦存在过错，对因火灾造成李某的死亡亦应承担一定的民事赔偿责任。李某作为完全民事行为能力人，应当清楚该房屋中摆放的物品会导致房屋存在火灾安全隐患，但仍然选择在该房屋内休息，其对于本案损害结果的发生也存在一定过错，应适当减轻本案侵害人的民事责任。结合上述分析，本院确定郝某夫妇承担本案45%的民事赔偿责任，陈某承担本案45%的民事赔偿责任，李某自行承担本案10%的民事赔偿责任。

十三、党内法规的学习宣传

210. 什么是党内法规？

党内法规又称“党规党法”“党的法规”，2013年5月中共中央颁布的《中国共产党党内法规制定条例》明确规定，党内法规是党的中央组织以及中央纪委、中央各部门和省区市党委制定的规范党组织的工作、活动和党员行为的党内规章制度的总称。党内法规有3个基本特征：一是特定性。只能由党的中央组织以及中央纪委、中央各部门和省区市党委制定，党的省级以下组织无权制定。二是普遍性。即在党内具有普遍适用性和反复适用性。三是规范性。即对党组织的工作、活动和党员行为具有强制性和约束力，引领、规范、保障党的建设。

扩展阅读

党内法规与国家法律的区别

党内法规是一个容易与国家法律混同的概念。它和国家法律的共同点比较多：两者都带有“法”字，都是通过严格程序制定、具有强制性和约束力的行为规范；一些党内法规和国家法律联系密切、相互渗透；条件成熟时党内法规中的某些内容可以通过法定程序上升为国家法律。从根本上说，党内法规和国家法律是一致的，都是党的意志和人民意志的高度统一，都是党的基本理论、基本路线、基本纲领、基本经验、基本要求的具体体现，都是中国特色社会主义法治体系的重要组成部分。但两者的不同之处也比较明显：一是制定主体不同，党内法规由省级以上党组织制定，法律由国家立法机关制定；二是适用范围不同，党内法规适用于各级党组织和广大党员，法律适用于国家机关、社会组织和全体公民，适用范围更广；三是效力不同，党内法规制定必须遵守宪法和法律，其效力低于法律的效力；四是表现方式不同，党内法规的名称分为章程、准则、条例、规则、规定、办法、细则7类，法律主要包括宪法、法律、行政法规、地方性法规等；五是实施方式不同，党内法规依靠党的纪律约束实施，法律以国家强制力作保障；六是行为规范的要求不同，党内法规对党员的要求，通常比法律对普通公民和国家工作人员的要求更为严格。

211. 党内法规有几类?

根据党内法规的调整对象，党内法规可分为八类：(1) 党章及相关法规；(2) 党的领导和党的工作方面法规；(3) 思想建设方面法规；(4) 组织建设方面法规；(5) 作风建设方面法规；(6) 反腐倡廉建设方面法规；(7) 民主集中制建设方面法规；(8) 机关工作方面法规。以上八个方面的法规，共同构成党内法规体系。

212. 党章的基本内容有哪些?

中国共产党现行党章是1982年9月党的十二大通过的，2012年11月党的十八大对其进行了第六次修改。党章共11章53条，集中阐述了党的性质和宗旨、路线和纲领、指导思想和奋斗目标、中国特色社会主义事业总体布局和党的建设总体要求，规定了入党条件、党员义务和权利、党员发展和管理，规定了党的中央组织及其职权、地方组织及其职权，以及基层组织的范围、作用和基本任务，规定了党的各级领导干部的基本条件，并对党的纪律处分的种类、程序、原则，以及党的纪律检查机关的产生和领导体制等作了明确规定，是立党、管党、治党的总章程和总规矩。

扩展阅读

党内法规体系已初步形成

新中国成立以来特别是改革开放以来，适应不同历史时期党的建设需要，中央科学谋划、统筹布局，制定颁布了一系列党内法规，初步形成了以党章为核心的党内法规体系，党内生活主要方面基本实现了有规可依。截至目前，我们党制定了1个党章，2个准则，26个条例，约1800个规则、规定、办法、细则；其中，党的中央组织制定的党内法规140多个，中央纪委和中央各部门制定的党内法规约150个，地方制定的党内法规1500多个。

扩展阅读

党章史上的第一次

1922年7月，党在二大通过的《中国共产党章程》，第一次提出反帝反封建的民主革命纲领。党的三大党章适应同国民党建立革命统一战线、要求提高党员素质的需要，第一次对党员的候补期作了规定。党的四大党章第一次称党的领导人为总书记。党的五大党章第一次规定民主集中制为指导原则，第一次规定中央政治局和中央政治局常委会的设置，第一次对入党年龄作了规定，第一次规定党的纪检监察机构监察委员会，第一次规定党组。党的六大党章第一次确立了退党制度。党的七大党章第一次增写了总纲，第一次把毛泽东思想确立为党的指导思想，第一次设立中央书记处。党的十二大党章第一次对改革开放作出阐述，第一次确立社会主义初级阶段理论，第一次提出中国特色社会主义理论体系，第一次规定“党必须在宪法和法律的范围内活动”。党的十四大党章第一次将我国经济体制改革的目标确定为建立社会主义市场经济体制。党的十五大党章第一次把邓小平理论确立为全党指导思想。党的十六大党章第一次把“三个代表”重要思想写入党章，第一次规定其他社会阶层的先进分子可以入党，第一次写入依法治国，建设社会主义法治国家。党的十七大第一次写入中国特色社会主义事业总体布局。党的十八大第一次把科学发展观确立为党的指导思想。党章史上的第一次，反映了我们党革故鼎新、与时俱进的实践品格。

213. 中央“八项规定”的主要内容是什么？

2012年12月4日，习近平总书记主持召开中央政治局会议，审议通过了《十八届中央政治局关于改进工作作风、密切联系群众的八项规定》。

一要改进调查研究，到基层调研要深入了解真实情况，总结经验、研究问题、解决困难、指导工作，向群众学习、向实践学习，多同群众座谈，多同干部谈心，多商量讨论，多解剖典型，多到困难和矛盾集中、群众意见多的地方去，切忌走过场、搞形式主义；要轻车简从、减少陪同、简化接待，不张贴悬挂标语横幅，不安排群众迎送，不铺设迎宾地毯，不摆放花草，不安排宴请。

二要精简会议活动，切实改进会风，严格控制以中央名义召开的各类全国性会议和举行的重大活动，不开泛泛部署工作和提要求的会，未经中央批准一律不出席各类剪彩、奠基活动和庆祝会、纪念会、表彰会、博览会、研讨会及各类论坛；提高会议实效，开短会、讲短话，力戒空话、套话。

三要精简文件简报，切实改进文风，没有实质内容、可发可不发的文件、简报一律不发。

四要规范出访活动，从外交工作大局需要出发合理安排出访活动，严格控制出访随行人员，严格按照规定乘坐交通工具，一般不安排中资机构、华侨华人、留学生代表等到机场迎送。

五要改进警卫工作，坚持有利于联系群众的原则，减少交通管制，一般情况下不得封路、不清场闭馆。

六要改进新闻报道，中央政治局同志出席会议和活动应根据工作需要、新闻价值、社会效果决定是否报道，进一步压缩报道的数量、字数、时长。

七要严格文稿发表，除中央统一安排外，个人不公开出版著作、讲话单行本，不发贺信、贺电，不题词、题字。

八要厉行勤俭节约，严格遵守廉洁从政有关规定，严格执行住房、车辆配备等有关工作和生活待遇的规定。

扩展阅读

八项规定改变中国

八项规定是党的十八大后全面从严治党的第一个举措。三年来，中央率先垂范、以上率下，各地区各部门积极响应、全面跟进，党风政风民风发生了根本改变。

——政府官员出门自己开车、晚上回家吃饭，已经逐渐成为常态。人们切身感受到了“三公消费”大减、“舌尖浪费”被遏制、“会所歪风”停刮。

——从2013年起，每逢春节、中秋节、教师节等节假日，中央都专门出台文件，严刹送礼之风。浙江省义乌市阳光小区是挂历集散地。2013年前，每年都有全国各地的党政机关、企事业单位人员到此采购挂历，少则几千份，多则几万份。2013年中央纪委发出《关于严禁公款购买印制寄送贺年卡等物品的通知》后，所有公家人都“爽约”了，经营挂历的企业多多少少都赔了钱。

——中央纪委网站每月更新一次月报，从未间断。截至2015年10月31日，全国累计查处违反八项规定问题104934起，处理人数138867人，其中55289人受到党纪政纪处分。在被处理的干部中，省部级7人，地厅级678人，县处级7389人，乡科级130793人。黑龙江省副省级干部付晓光因私公款消费，大量饮酒并造成陪酒人员一死一伤的严重后果，被处以留党察看一年处分，由副省级降为正局级。

——社会风气有了很大改观。久治不下的高价烟酒、高价月饼、高价花卉、高价宴请、高价娱乐，突然间销声匿迹。

贯彻八项规定这三年，是党风廉政建设取得显著成效的三年，是取信于民、赢得民心的三年，是重树党的威信、重塑党的形象的三年，是深刻改变中国面貌的三年。

214.《中国共产党纪律处分条例》的基本内容是什么？

1997年2月中共中央颁布了《中国共产党纪律处分条例（试行）》，2003年12月经修订后正式颁布《中国共产党纪律处分条例》。2015年10月18日，中共中央对《中国共产党纪律处分条例》进行了重新修订。

修订后的条例共3编、11章、133条、17000余字，分总则、分则、附则3部分。主要内容有以下五方面：

一是对条例的指导思想、基本原则和适用范围作出规定，增加了党组织和党员必须自觉遵守党章，模范遵守国家法律法规的规定；

二是对违纪概念、纪律处分种类及其影响等作出规定，将严重警告的影响期由原来的一年修改为一年半；

三是对纪律处分运用规则作出规定，将在纪律集中整饬过程中不收敛、不收手列为从重或者加重处分的情形；

四是对涉嫌违法犯罪党员的纪律处分作出规定，实现党纪与国法的有效衔接；

五是将原条例规定的10类违纪行为整合修订为6类，分别为：对违反政治纪律行为的处分、对违反组织纪律行为的处分、对违反廉洁纪律行为的处分、对违反群众纪律行为的处分、对违反工作纪律行为的处分、对违反生活纪律行为的处分。在这6种违纪行为的规定中，增加了拉帮结派、对抗组织审查、组织或者参加迷信活动、搞无原则一团和气以及违反党的优良传统和工作惯例等党的规矩的违纪条款；不按照有关规定或者工作要求向组织请示报告重大问题，不如实报告个人有关事项，篡改、伪造个人档案资料，隐瞒入党前严重错误等违纪条款；搞权权交易，对亲属和身边工作人员管教不力，赠送明显超出正常礼尚往来的礼品、礼金、消费卡，违规出入私人会所，搞权色交易和钱色交易等违纪条款；超标准、超范围向群众筹资筹劳，在办理涉及群众事务时故意刁难、吃拿卡要等侵害群众利益的违纪条款；党组织不履行全面从严治党主体责任，违规干预和插手市场经济活动，违规干预和插手司法活动、执纪执法活动等违纪条款；生活奢靡，违背社会公序良俗等违纪条款。

各级党委（党组）要按照中央要求，切实担当和落实好全面从严治党的主体责任，认真贯彻执行党纪处分条例，严明党纪戒尺，把党的纪律刻印在全体党员特别是党员领导干部的心上。要坚持问题导向，把严守政治纪律和政治规矩放在首位，通过严肃政治纪律和政治规矩带动其他纪律严起来。要坚持把纪律和规矩挺在前面，落实抓早抓小，绝不允许突破纪律底线。党员领导干部要以身作则，敢于担当、敢于较真、敢于斗争，确保把党章党规党纪落实到位。广大党员要牢固树立党章党规党纪意识，做到讲规矩、守纪律，知敬畏、存戒惧，自觉在廉洁自律上追求高标准，在严守党纪上远离违纪红线，在全党逐渐形成尊崇制度、遵守制度、捍卫制度的良好风尚。

附录一

中共中央 国务院转发《中央宣传部、司法部关于在公民中开展法治宣传教育的第七个五年规划（2016—2020年）》的通知

各省、自治区、直辖市党委和人民政府，中央和国家机关各部委，解放军各大单位、中央军委机关各部门，各人民团体：

《中央宣传部、司法部关于在公民中开展法治宣传教育的第七个五年规划（2016—2020年）》（以下简称“七五”普法规划）已经中央同意，现转发给你们，请结合实际认真贯彻执行。

全民普法和守法是依法治国的长期基础性工作。深入开展法治宣传教育，是贯彻落实党的十八大和十八届三中、四中、五中全会精神的重要任务，是实施“十三五”规划、全面建成小康社会的重要保障。各级党委和政府要把法治宣传教育纳入当地经济社会发展规划，进一步健全完善党委领导、人大监督、政府实施的法治宣传教育工作领导体制，确保“七五”普法规划各项目标任务落到实处。要坚持把领导干部带头学法、模范守法作为树立法治意识的关键，完善国家工作人员学法用法制度，把法治观念强不强、法治素养好不好作为衡量干部德才的重要标准，把能不能遵守法律、依法办事作为考察干部的重要内容，切实提高领导干部运用法治思维和法治方式深化改革、推动发展、化解矛盾、维护稳定的能力。坚持从青少年抓起，把法治教育纳入国民教育体系，引导青少年从小掌握法律知识、树立法治意识、养成守法习惯。要坚持法治宣传教育与法治实践相结合，深化基层组织和部门、行业依法治理，深化法治城市、法治县（市、区）等法治创建活动，全面提高全社会法治化治理水平。要推进法治教育与道德教育相结合，促进实现法律和道德相辅相成、法治和德治相得益彰。要健全普法宣传教育机制，实行国家机关“谁执法谁普法”的普法责任制，健全媒体公益普法制度，推进法治宣传教育工作创新，不断增强法治宣传教育的实效。要通过深入开展法治宣传教育，传播法律知识，弘扬法治精神，建设法治文化，充分发挥法治宣传教育在全面依法治国中的基出作用，推动全社会树立法治意识，为顺利实施“十三五”规划、全面建成小康社会营造良好的法治环境。

中共中央　国务院

2016年3月25日

中央宣传部、司法部关于在公民中开展法治宣传教育的第七个五年规划（2016—2020年）

在党中央、国务院正确领导下，全国第六个五年法制宣传教育规划（2011—2015年）顺利实施完成，法治宣传育工作取得显著成效。以宪法为核心的中国特色社会主义法律体系得到深入宣传，法治宣传教育主题活动广泛开展，多层次多领域依法治理不断深化，法治创建活动全面推进，全社会法治观念明显增强，社会治理法治化水平明显提高，法治宣传教育在建设社会主义法治国家中发挥了重要作用。

党的十八大以来，以习近平同志为总书记的党中央对全面依法治国作出了重要部署，对法治宣传教育提出了新的更高要求，明确了法治宣传教育的基本定位、重大任务和重要措施。十八届三中全会要求“健全社会普法教育机制”；十八届四中全会要求“坚持把全民普法和守法作为依法治国的长期基础性工作，深入开展法治宣传教育”；十八届五中全会要求“弘扬社会主义法治精神，增强全社会特别是公职人员尊法学法守法用法观念，在全社会形成良好法治氛围和法治习惯”。习近平总书记多次强调“领导干部要做尊法学法守法用法的模范”，要求法治宣传教育“要创新宣传形式，注重宣传实效”，为法治宣传教育工作指明了方向，提供了基本遵循。与新形势新任务的要求相比，有的地方和部门对法治宣传教育重要性的认识还不到位，普法宣传教育机制还不够健全，实效性有待进一步增强。深入开展法治宣传教育，增强全民法治观念，对于服务协调推进“四个全面”战略布局和“十三五”时期经济社会发展，具有十分重要的意义。为做好第七个五年法治宣传教育工作，制定本规划。

一、指导思想、主要目标和工作原则

第七个五年法治宣传教育工作的指导思想是：高举中国特色社会主义伟大旗帜，全面贯彻党的十八大和十八届三中、四中、五中全会精神，以马克思列宁主义、毛泽东思想、邓小平理论、“三个代表”重要思想、科学发展观为指导，深入贯彻习近平总书记系列重要讲话精神，坚持“四个全面”战略布局，坚持创新、协调、绿色、开放、共享的发展理念，按照全面依法治国新要求，深入开展法治宣传教育，扎实推进依法治理和法治创建，弘扬社会主义法治精神，建设社会主义法治文化，推进法治宣传教育与法治实践相结合，健全普法宣传教育机制，推动工作创新，充分发挥法治宣传教育在全面依法治国中的基础作用，推动全社会树立法治意识，为“十三五”时期经济社会发展营造良好法治环境，为实现“两个一百年”奋斗目标和中华民族伟大复兴的中国梦作出新的贡献。

第七个五年法治宣传教育工作的主要目标是：普法宣传教育机制进一步健全，法治宣传教育实效性进一步增强，依法治理进一步深化，全民法治观念和全体党员党章党规意识明显增强，全社会厉行法治的积极性和主动性明显提高，形成守法光荣、违法可耻的社会氛围。

第七个五年法治宣传教育工作应遵循以下原则：

——坚持围绕中心，服务大局。围绕党和国家中心工作开展法治宣传教育，更好地服务协调推进“四个全面”战略布局，为全面实施国民经济和社会发展“十三五”规划营造良好法治环境。

——坚持依靠群众，服务群众。以满足群众不断增长的法治需求为出发点和落脚点，以群众喜闻乐见、易于接受的方式开展法治宣传教育，增强全社会尊法学法守法用法意识，使国家法律和党内法规为党员群众所掌握、所遵守、所运用。

——坚持学用结合，普治并举。坚持法治宣传教育与依法治理有机结合，把法治宣传教育融入立法、执法、司法、法律服务和党内法规建设活动中，引导党员群众在法治实践中自觉学习、运用国家法律和党内法规，提升法治素养。

——坚持分类指导，突出重点。根据不同地区、部门、行业及不同对象的实际和特点，分类实施法治宣传教育。突出抓好重点对象，带动和促进全民普法。

——坚持创新发展，注重实效。总结经验，把握规律，推动法治宣传教育工作理念、机制、载体和方式方法创新，不断提高法治宣传教育的针对性和时效性，力戒形式主义。

二、主要任务

（一）深入学习宣传习近平总书记关于全面依法治国的重要论述。党的十八大以来，习近平总书记站在坚持和发展中国特色社会主义全局的高度，对全面依法治国作了重要论述，提出了一系列新思想、新观点、新论断、新要求，深刻回答了建设社会主义法治国家的重大理论和实践问题，为全面依法治国提供了科学理论指导和行动指南。要深入学习宣传习近平总书记关于全面依法治国的重要论述，增强走中国特色社会主义道路的自觉性和坚定性，增强全社会厉行法治的积极性和主动性。深入学习宣传以习近平同志为总书记的党中央关于全面依法治国的重要部署，宣传科学立法、严格执法、公正司法、全民守法和党内法规建设的生动实践，使全社会了解和掌握全面依法治国的重大意义和总体要求，更好地发挥法治的引领和规范作用。

（二）突出学习宣传宪法。坚持把学习宣传宪法摆在首要位置，在全社会普遍开展宪法教育，弘扬宪法精神，树立宪法权威。深入宣传依宪治国、依宪执政等理念，宣传党的领导是宪法实施的最根本保证，宣传宪法确立的国家根本制度、根本任务和我国的国体、政体，宣传公民的基本权利和义务等宪法基本内容，宣传宪法的实施，实行宪法宣誓制度，认真组织好“12·4”国家宪法日集中宣传活动，推动宪法家喻户晓、深入人心，提高全体公民特别是各级领导干部和国家机关工作人员的宪法意识，教育引导一切组织和个人都必须以宪法为根本活动准则，增强宪法观念，坚决维护宪法尊严。

（三）深入宣传中国特色社会主义法律体系。坚持把宣传以宪法为核心的中国特色社会主义法律体系作为法治宣传教育的基本任务，大力宣传宪法相关法、民法商法、行政法、经济法、社会法、刑法、诉讼与非诉讼程序法等多个法律部门的法律法规。大力宣传社会主义民主政治建设的法律法规，提高人民有序参与民主政治的意识和水平。大力宣传保障公民基本权利的法律法规，推动全社会树立尊重和保障人权意识，促进公民权利保障法治化。大力宣传依法行政领域的法律法规，推动各级行政机关树立“法定职责必须为、法无授权不可为”的意识，促进法治政府建设。大力宣传市场经济领域的法律法规，推动全社会树立保护产权、平等交换、公平竞争、诚实信用等意识，促进大众创业、万众创新，促进经济在新常态下平稳健康运行。大力宣传有利于激发文化创造活力、保障人民基本文化权益的相关法律法规，促进社会主义精神文明建设。大力宣传教育、就业、收入分配、社会保障、医疗卫生、食品安全、扶贫、慈善、社会救助和妇女儿童、老年人、残疾人合法权益保护等方面法律法规，促进保障和改善民生。大力宣传国家安全和公共安全领域的法律法规，提高全民安全意识、风险意识和预防能力。大力宣传国防法律法规，提高全民国防观念，促进国防建设。大力宣传党的民族、宗教政策和相关法律法规，维护民族地区繁荣稳定，促进民族关系、宗教关系和谐。大力宣传环境保护、资源能源节约利用等方面的法律法规，推动美丽中国建设。大力宣传互联网领域的法律法规，教育引导网民依法规范网络行为，促进形成网络空间良好秩序。大力宣传诉讼、行政复议、仲裁、调解、信访等方面的法律法规，引导群众依法表达诉求、维护权利，促进社会和谐稳定。在传播法律知识的同时，更加注重弘扬法治精神、培育法治理念、树立法治意识，大力宣传宪法法律至上、法律面前人人平等、权由法定、权依法使等基本法治理念，破除“法不责众”、“人情大于国法”等错误认识，引导全民自觉守法、遇事找法、解决问题靠法。

（四）深入学习宣传党内法规。适应全面从严治党、依规治党新形势新要求，切实加大党内法规宣传力度。突出宣传党章，教育引导广大党员尊崇党章，以党章为根本遵循，坚决维护党章权威。大力宣传《中国共产党廉洁自律准则》、《中国共产党纪律处分条例》等各项党内法规，注重党内法规宣传与国家法律宣传的衔接和协调，坚持纪在法前、纪严于法，把纪律和规矩挺在前面，教育引导广大党员做党章党规党纪和国家法律的自觉尊崇者、模范遵守者、坚定捍卫者。

（五）推进社会主义法治文化建设。以宣传法律知识、弘扬法治精神、推动法治实践为主旨，积极推进社会主义法治文化建设，充分发挥法治文化的引领、熏陶作用，使人民内心拥护和真诚信仰法律。把法治文化建设纳入现代公共文化服务体系，推动法治文化与地方文化、行业文化、企业文化融合发展。繁荣法治文化作品创作推广，把法治文化作品纳入各级文化作品评奖内容，纳入艺术、出版扶持和奖励基金内容，培育法治文化精品。利用重大纪念日、民族传统节日等契机开展法治文化活动，组织开展法治文艺展演展播、法治文艺演出下基层等活动，满足人民群众日益增长的法治文化需求。把法治元素纳入城乡建设规划设计，加强基层法治文化公共设施建设。

（六）推进多层次多领域依法治理。坚持法治宣传教育与法治实践相结合，把法律条文变成引导、保障经济社会发展的基本规则，深化基层组织和部门、行业依法治理，深化法治城市、法治县（市、区）等法治创建活动，提高社会治理法治化水平。深入开展民主法治示范村（社区）创建，进一步探索乡村（社区）法律顾问制度，教育引导基层群众自我约束、自我管理。发挥市民公约、乡规民约、行业规章、团体章程等社会规范在社会治理中的积极作用，支持行业协会商会类社会组织发挥行业自律和专业服务功能，发挥社会组织对其成员的行为导引、规则约束、权益维护作用。

（七）推进法治教育与道德教育相结合。坚持依法治国和以德治国相结合的基本原则，以法治体现道德理念，以道德滋养法治精神，促进实现法律和道德相辅相成、法治和德治相得益彰。大力弘扬社会主义核心价值观，弘扬中华传统美德，培育社会公德、职业道德、家庭美德、个人品德，提高全民族思想道德水平，为全面依法治国创造良好人文环境。强化规则意识，倡导契约精神，弘扬公序良俗，引导人们自觉履行法定义务、社会责任、家庭责任。发挥法治在解决道德领域突出问题中的作用，健全公民和组织守法信用记录，完善守法诚信褒奖机制和违法失信行为惩戒机制。

三、对象和要求

法治宣传教育的对象是一切有接受教育能力的公民，重点是领导干部和青少年。

坚持把领导干部带头学法、模范守法作为树立法治意识的关键。完善国家工作人员学法用法制度，把宪法法律和党内法规列入党委（党组）中心组学习内容，列为党校、行政学院、干部学院、社会主义学院必修课；把法治教育纳入干部教育培训总体规划，纳入国家工作人员初任培训、任职培训的必训内容，在其他各类培训课程中融入法治教育内容，保证法治培训课时数量和培训质量，切实提高领导干部运用法治思维和法治方式深化改革、推动发展、化解矛盾、维护稳定的能力。加强党章和党内法规学习教育，引导党员领导干部增强党章党规党纪意识，严守政治纪律和政治规矩，在廉洁自律上追求高标准，自觉远离违纪红线。健全日常学法制度，创新学法形式，拓宽学法渠道。健全完善重大决策合法性审查机制，积极推行法律顾问制度，各级党政机关和人民团体普遍设立公职律师，企业可设立公司律师。把尊法学法守法用法情况作为考核领导班子和领导干部的重要内容，领导班子和领导干部在年度考核职中进行述法。把法治观念强不强、法治素养好不好作为衡量干部德才的重要标准，把能不能遵守法律、依法办事作为考察干部的重要内容。

坚持从青少年抓起。切实把法治教育纳入国民教育体系，制定和实施青少年法治教育大纲，在中小学设立法治知识课程，确保在校学生都能得到基本法治知识教育。完善中小学法治课教材体系，编写法治教育教材、读本，地方可将其纳入地方课程义务教育免费教科书范围，在小学普及宪法基本常识，在中、高考中增加法治知识内容，使青少年从小树立宪法意识和国家意识。将法治教育纳入“中小学幼儿园教师国家级培训计划”，加强法治课教师、分管法治教育副校长、法治辅导员培训。充分利用第二课堂和社会实践活动开展青少年法治教育，在开学第一课、毕业仪式中有机融入法治教育内容。加强对高等院校学生的法治教育，增强其法治观念和参与法治实践的能力。强化学校、家庭、社会“三位一体”的青少年法治教育格局，加强青少年法治教育实践基地建设和网络建设。

各地区各部门要根据实际需要，从不同群体的特点出发，因地制宜开展有特色的法治宣传教育。突出加强对企业经营管理人员的法治宣传教育，引导他们树立诚信守法、爱国敬业意识，提高依法经营、依法管理能力。加强对农民工等群体的法治宣传教育，帮助、引导他们依法维权，自觉运用法律手段解决矛盾纠纷。

四、工作措施

第七个法治宣传教育五年规划从2016年开始实施，至2020年结束。各地区各部门要根据本规划，认真制定本地区本部门规划，深入宣传发动，全面组织实施，确保第七个五年法治宣传教育规划各项目标任务落到实处。

（一）健全普法宣传教育机制。各级党委和政府要加强对普法工作的领导，宣传、文化、教育部门和人民团体要在普法教育中发挥职能作用。把法治教育纳入精神文明创建内容，开展群众性法治文化活动。人民团体、社会组织要在法治宣传教育中发挥积极作用，健全完善普法协调协作机制，根据各自特点和实际需要，有针对性地组织开展法治宣传教育活动。积极动员社会力量开展法治宣传教育，加强各级普法讲师团建设，选聘优秀法律和党内法规人才充实普法讲师团队伍，组织开展专题法治宣讲活动，充分发挥讲师团在普法工作中的重要作用。鼓励引导司法和行政执法人员、法律服务人员、大专院校法律专业师生加入普法志愿者队伍，畅通志愿者服务渠道，健全完善管理制度，培育一批普法志愿者优秀团队和品牌活动，提高志愿者普法宣传水平。加强工作考核评估，建立健全法治宣传教育工作考评指导标准和指标体系，完善考核办法和机制，注重考核结果的运用。健全激励机制，认真开展“七五”普法中期检查和总结验收，加强法治宣传教育先进集体、先进个人表彰工作。围绕贯彻中央关于法治宣传教育的总体部署，健全法治宣传教育工作基础制度，加强地方法治宣传教育条例制定和修订工作，制定国家法治宣传教育法。

（二）健全普法责任制。实行国家机关“谁执法谁普法”的普法责任制，建立普法责任清单制度。建立法官、检察官、行政执法人员、律师等以案释法制度，在执法司法实践中广泛开展以案释法和警示教育，使案件审判、行政执法、纠纷调解和法律服务的过程成为向群众弘扬法治精神的过程。加强司法、行政执法案例整理编辑工作，推动相关部门面向社会公众建立司法、行政执法典型案例发布制度。落实“谁主管谁负责”的普法责任，各行业、各单位要在管理、服务过程中，结合行业特点和特定群体的法律需求，开展法治宣传教育。健全媒体公益普法制度，广播电视、报纸期刊、互联网和手机媒体等大众传媒要自觉履行普法责任，在重要版面、重要时段制作刊播普法公益广告，开设法治讲堂，针对社会热点和典型案（事）例开展及时权威的法律解读，积极引导社会法治风尚。各级党组织要坚持全面从严治党、依规治党，切实履行学习宣传党内法规的职责，把党内法规作为学习型党组织建设的重要内容，充分发挥正面典型倡导和反面案例警示作用，为党内法规的贯彻实施营造良好氛围。

（三）推进法治宣传教育工作创新。创新工作理念，坚持服务党和国家工作大局、服务人民群众生产生活，努力培育全社会法治信仰，增强法治宣传教育工作实效。针对受众心理，创新方式方法，坚持集中法治宣传教育与经常性法治宣传教育相结合，深化法律进机关、进乡村、进社区、进学校、进企业、进单位的“法律六进”主题活动，完善工作标准，建立长效机制。创新载体阵地，充分利用广场、公园等公共场所开展法治宣传教育，有条件的地方建设宪法法律教育中心。在政府机关、社会服务机构的服务大厅和服务窗口增加法治宣传教育功能。积极运用公共活动场所电子显示屏、服务窗口触摸屏、公交移动电视屏、手机屏等，推送法治宣传教育内容。充分运用互联网传播平台，加强新媒体新技术在普法中的运用，推进“互联网＋法治宣传”行动。开展新媒体普法益民服务，组织新闻网络开展普法宣传，更好地运用微信、微博、微电影、客户端开展普法活动。加强普法网站和普法网络集群建设，建设法治宣传教育云平台，实现法治宣传教育公共数据资源开放和共享。适应我国对外开放新格局，加强对外法治宣传工作。

五、组织领导

（一）切实加强领导。各级党委和政府要把法治宣传教育纳入当地经济社会发展规划，定期听取法治宣传教育工作情况汇报，及时研究解决工作中的重大问题，把法治宣传教育纳入综合绩效考核、综治考核和文明创建考核内容。各级人大要加强对法治宣传教育工作的日常监督和专项检查。健全完善党委领导、人大监督、政府实施的法治宣传教育工作领导体制，加强各级法治宣传教育工作组织机构建设。高度重视基层法治宣传教育队伍建设，切实解决人员配备、基本待遇、工作条件等方面的实际问题。

（二）**加强工作指导**。各级法治宣传教育领导小组每年要将法治宣传教育工作情况向党委（党组）报告，并报上级法治宣传教育工作领导小组。加强沟通协调，充分调动各相关部门的积极性，发挥各自优势，形成推进法治宣传教育工作创新发展的合力。结合各地区各部门工作实际，分析不同地区、不同对象的法律需求，区别对待、分类指导，不断增强法治宣传教育的针对性。坚持问题导向，深入基层、深入群众调查研究，积极解决问题，努力推进工作。认真总结推广各地区各部门开展法治宣传教育的好经验、好做法，充分发挥先进典型的示范和带动作用，推进法治宣传教育不断深入。

（三）**加强经费保障**。各地区要把法治宣传教育相关工作经费纳入本级财政预算，切实予以保障，并建立动态调整机制。把法治宣传教育列入政府购买服务指导性目录。积极利用社会资金开展法治宣传教育。

中国人民解放军和中国人民武装警察部队的第七个五年法治宣传教育工作，参照本规划进行安排部署。

全国人民代表大会常务委员会
关于开展第七个五年法治宣传教育的决议

（2016年4月28日第十二届全国人民代表大会常务委员会第二十次会议通过）

2011年至2015年，我国法制宣传教育第六个五年规划顺利实施，法治宣传教育在服务经济社会发展、维护社会和谐稳定、建设社会主义法治国家中发挥了重要作用。为深入学习宣传习近平总书记关于全面依法治国的重要论述，全面推进依法治国，顺利实施“十三五”规划，全面建成小康社会，推动全体公民自觉尊法学法守法用法，推进国家治理体系和治理能力现代化建设，从2016年至2020年在全体公民中开展第七个五年法治宣传教育，十分必要。通过开展第七个五年法治宣传教育，使全社会法治观念明显增强，法治思维和依法办事能力明显提高，形成崇尚法治的社会氛围。特作决议如下：

一、突出学习宣传宪法。坚持把学习宣传宪法摆在首要位置，在全社会普遍开展宪法宣传教育，重点学习宣传宪法确立的我国的国体、政体、基本政治制度、基本经济制度、公民的基本权利和义务等内容，弘扬宪法精神，树立宪法权威。实行宪法宣誓制度，组织国家工作人员在宪法宣誓前专题学习宪法。组织开展“12·4”国家宪法日集中宣传活动，教育引导一切组织和个人以宪法为根本活动准则。

二、深入学习宣传国家基本法律。坚持把学习宣传宪法相关法、民法商法、行政法、经济法、社会法、刑法、诉讼与非诉讼程序法等法律法规的基本知识，作为法治宣传教育的基本任务，结合学习贯彻创新、协调、绿色、开放、共享发展理念，加强对相关法律法规的宣传教育。在全社会树立宪法法律至上、法律面前人人平等、权由法定、权依法使等基本法治理念。

三、推动全民学法守法用法。一切有接受教育能力的公民都要接受法治宣传教育。坚持把全民普法和守法作为依法治国的长期基础性工作，加强农村和少数民族地区法治宣传教育，以群众喜闻乐见、易于接受的方式开展法治宣传教育，引导公民努力学法、自觉守法、遇事找法、解决问题靠法，增强全社会厉行法治的积极性、主动性和自觉性。大力弘扬法治精神，培育法治理念，树立法治意识，共同维护法律的权威和尊严。

四、坚持国家工作人员带头学法守法用法。坚持把各级领导干部带头学法、模范守法、严格执法作为全社会树立法治意识的关键。健全国家工作人员学法用法制度，将法治教育纳入干部教育培训总体规划。坚持把依法办事作为检验国家工作人员学法用法的重要标准，健全重大决策合法性审查机制，推行政府法律顾问制度，推动行政机关依法行政，促进司法机关公正司法。坚持把尊法学法守法用法情况作为考核领导班子和领导干部的重要内容。

五、切实把法治教育纳入国民教育体系。坚持从青少年抓起，制定青少年法治教育大纲，设立法治知识课程，完善法治教材体系，强化学校、家庭、社会“三位一体”的青少年法治教育格局，加强青少年法治教育实践基地建设，增强青少年的法治观念。

六、推进社会主义法治文化建设。把法治文化建设纳入现代公共文化服务体系，繁荣法治文化作品创作推广，广泛开展群众性法治文化活动。大力弘扬社会主义核心价值观，推动法治教育与道德教育相结合，促进法律的规范作用和道德的教化作用相辅相成。健全公民和组织守法信用记录，建立和完善学法用法先进集体、先进个人宣传表彰制度。

七、推进多层次多领域依法治理。坚持法治宣传教育与法治实践相结合，把法律规定变成引领保障经济社会发展的基本规范。深化基层组织和部门、行业依法治理，深入开展法治城市、法治县（市、区）、民主法治示范村（社区）等法治创建活动，提高社会治理法治化水平。

八、推进法治宣传教育创新。遵循现代传播规律，推进法治宣传教育工作理念、方式方法、载体阵地和体制机制等创新。结合不同地区、不同时期、不同群体的特点和需求，分类实施法治宣传教育，提高法治宣传教育的针对性和实效性，力戒形式主义。充分发挥报刊、广播、电视和新媒体新技术等在普法中的作用，推进互联网＋法治宣传教育行动。建立法官、检察官、行政执法人员、律师等以案释法制度，充分运用典型案例，结合社会热点，开展生动直观的法治宣传教育。加强法治宣传教育志愿者队伍建设。深化法律进机关、进乡村、进社区、进学校、进企业、进单位等活动。

九、健全普法责任制。一切国家机关和武装力量、各政党和各人民团体、企业事业组织和其他社会组织都要高度重视法治宣传教育工作，按照“谁主管谁负责”的原则，认真履行普法责任。实行国家机关“谁执法谁普法”的普法责任制，建立普法责任清单制度。健全媒体公益普法制度，落实各类媒体的普法责任，在重要频道、重要版面、重要时段开展公益普法。把法治宣传教育纳入当地经济社会发展规划，进一步健全完善党委领导、人大监督、政府实施、部门各负其责、全社会共同参与的法治宣传教育工作体制机制。

十、加强组织实施和监督检查。各级人民政府要积极开展第七个五年法治宣传教育工作，强化工作保障，做好中期检查和终期评估，并向本级人民代表大会常务委员会报告。各级人民代表大会及其常务委员会要充分运用执法检查、听取和审议工作报告以及代表视察、专题调研等形式，加强对法治宣传教育工作的监督检查，保证本决议得到贯彻落实。

附录二

常用法律文书

劳动合同范本

甲方：＿＿＿＿＿＿＿＿ 乙方：＿＿＿＿＿＿＿＿

文化程度：＿＿＿＿＿＿＿＿ 性别：＿＿＿

法定代表人：＿＿＿＿＿＿＿＿ 出生日期：＿＿＿年＿＿＿月＿＿＿日

居民身份证号码：＿＿＿＿＿＿＿＿＿＿＿

甲方地址：＿＿＿＿＿＿＿＿＿＿＿ 家庭住址：＿＿＿＿＿＿＿＿＿＿＿＿＿＿＿＿

根据《中华人民共和国劳动法》，甲乙双方经平等协商同意，自愿签订本合同，共同遵守本合同所列条款。

一、劳动合同期限

第一条　本合同期限类型为期限合同。

本合同生效日期＿＿＿年＿＿＿月＿＿＿日，其中试用期＿＿＿个月。本合同自＿＿＿年＿＿＿月＿＿＿日终止。

二、工作内容

第二条　乙方同意根据甲方工作需要，担任岗位（工种）工作。

第三条　乙方应按照甲方的合法要求，按时完成规定的工作数量，达到规定的质量标准。

三、劳动保护和劳动条件

第四条　甲方安排乙方执行＿＿＿＿＿＿工作制。

执行定时工作制的，甲方安排乙方每日工作时间不超过八小时，平均每周不超过四十四小时。甲方保证乙方每周至少休息一日，甲方由于工作需要，经与工会和乙方协商后可以延长工作时间，一般每日不得超过一小时，因特殊原因需要延长工作时间的，在保障乙方身体健康的条件下延长工作时间每日不得超过三小时，每月不得超过三十六小时。

执行综合计算工时工作制的，平均日和平均周工作时间不超过法定标准工作时间。

执行不定时工作制的，在保证完成甲方工作任务的情况下，工作和休息休假乙方自行安排。

第五条　甲方安排乙方加班的，应安排乙方同等时间补休或依法支付加班工资；加点的，甲方应支付加点工资。

第六条　甲方为乙方提供必要的劳动条件和劳动工具，建立健全生产工艺流程，制定操作规程、工作规范和劳动安全卫生制度及其标准。

甲方应按照国家或北京市有关规定组织安排乙方进行健康检查。

第七条　甲方负责对乙方进行政治思想、职业道德、业务技术、劳动安全卫生及有关规章制度的教育和培训。

四、劳动报酬

第八条　甲方的工资应遵循按劳分配原则。

第九条　执行定时工作制或综合计算工时工作的乙方为甲方工作，甲方每月________日以货币形式支付乙方工资，工资不低于________元，其中试用期间工资为________元。

执行不定时工作制的工资支付按________执行。

第十条　由于甲方生产任务不足，使乙方下岗待工的，甲方保证乙方的月生活费不低于________元。

五、保险福利待遇

第十一条　甲乙双方应按国家社会保险的有关规定缴纳职工养老、失业和大病医疗统筹及其他社会保险费用。

甲方应为乙方填写《职工养老保险手册》。双方解除、终止劳动合同后，《职工养老保险手册》按有关规定转移。

第十二条　乙方患病或非因工负伤，其病假工资、疾病救济费和医疗待遇按照________执行。

第十三条　乙方患职业病或因工负伤的工资和医疗保险待遇按国家有关规定执行。

第十四条　甲方为乙方提供以下福利待遇________________________________。

六、劳动纪律

第十五条　乙方应遵守甲方依法制定的规章制度；严格遵守劳动安全卫生、生产工艺、操作规程和工作规范；爱护甲方的财产，遵守职业道德；积极参加甲方组织的培训，提高思想觉悟和职业技能。

第十六条　乙方违反劳动纪律，甲方可依据本单位规章制度，给予纪律处分，直至解除本合同。

七、劳动合同的变更、解除、终止、续订

第十七条　订立本合同所依据的法律、行政法规、规章发生变化，本合同应变更相关内容。

第十八条　订立本合同所依据的客观情况发生重大变化，致使本合同无法履行的，经甲乙双方协商同意，可以变更本合同相关内容。

第十九条　经甲乙双方协商一致，本合同可以解除。

第二十条　乙方有下列情形之一，甲方可以解除本合同：

1. 在试用期间，被证明不符合录用条件的；

2. 严重违反劳动纪律或甲方规章制度的；

3. 严重失职、营私舞弊，对甲方利益造成重大损害的；

4. 被依法追究刑事责任的。

第二十一条　下列情形之一，甲方可以解除本合同，但应提前三十日以书面形式通知乙方：

1. 乙方患病或非因工负伤，医疗期满后，不能从事原工作也不能从事由甲方另行安排的工作的；

2. 乙方不能胜任工作，经过培训或者调整工作岗位，仍不能胜任工作的；

3. 双方不能依据本合同第十八条规定就变更合同达成协议的。

第二十二条　甲方濒临破产进行法定整顿期间或者生产经营发生严重困难，经向工会或者全体职工说明情况，听取工会或者职工的意见，并向劳动行政部门报告后，可以解除本合同。

第二十三条　乙方有下列情形之一，甲方不得依据本合同第二十一条、第二十二条终止、解除本合同：

1. 患病或非因工负伤、在规定的医疗期内的；

2. 女职工在孕期、产期、哺乳期内的；

3. 义务兵复员退伍和建设征地农转工人员初次参加工作未满三年的；

4. 义务服兵役期间的。

第二十四条　乙方患职业病或因工负伤，医疗终结，经市、区、县劳动鉴定委员会确认完全或部分丧失劳动能力的，按________办理，不得依据本合同第二十一条、第二十二条解除劳动合同。

第二十五条　乙方解除本合同，应当提前三十日以书面形式通知甲方。

第二十六条　有下列情形之一，乙方可以随时通知甲方解除本合同：

1. 在试用期内的；

2. 甲方以暴力、威胁或者非法限制人身自由的手段强迫劳动的；

3. 甲方不能按照本合同规定支付劳动报酬或者提供劳动条件的。

第二十七条　本合同期限届满，甲乙双方经协商同意，可以续订劳动合同。

第二十八条　订立无固定期限劳动合同的，乙方离休、退休、退职及死亡或本合同约定的解除条件出现，本合同终止。

八、经济补偿与赔偿

第二十九条　下列情形之一，甲方违反和解除乙方劳动合同的，应按下列标准支付乙方经济补偿金：

1. 甲方克扣或者无故拖欠乙方工资的，以及拒不支付乙方延长工作时间工资报酬的，除在规定的时间内全额支付乙方工资报酬外，还需加发相当于工资报酬百分之二十五的经济补偿金；

2. 甲方支付乙方的工资报酬低于本市最低工资标准的，要在补足低于标准部分的同时，另外支付相当于低于部分百分之二十五的经济补偿金。

第三十条 下列情形之一，甲方应根据乙方在甲方工作年限，每满一年发给相当于乙方解除本合同前十二个月平均工资一个月的经济补偿金，最多不超过十二个月：

1. 经与乙方协商一致，甲方解除本合同的；

2. 乙方不能胜任工作，经过培训或者调整工作岗位，仍不能胜任工作，由甲方解除本合同的。

第三十一条 下列情形之一，甲方应根据乙方在甲方工作年限，每满一年发给相当于本单位上年月平均工资一个月的经济补偿金：

1. 乙方患病或者非因工负伤，经劳动鉴定委员会确认不能从事原工作，也不能从事由甲方另行安排的工作而解除本合同的；

2. 劳动合同订立时所依据的客观情况发生重大变化，致使本合同无法履行，经当事人协商不能就变更劳动合同达成协议，由甲方解除劳动合同的；

3. 甲方濒临破产进行法定整顿期间或者生产经营状况发生严重困难，必须裁减人员的。

以上三种情况，如果乙方被解除本合同前十二个月的月平均工资高于本单位上年月平均工资的，按本人月平均工资计发。

第三十二条 甲方解除本合同后，未按规定给予乙方经济补偿的，除全额发给经济补偿金外，还须按该经济补偿金数额的百分之五十支付额外经济补偿金。

第三十三条 支付乙方经济补偿时，乙方在甲方工作时间不满一年的按一年的标准发给经济补偿金。

第三十四条 乙方患病或者非因工负伤，经劳动鉴定委员会确认不能从事原工作，也不能从事由甲方另行安排的工作而解除本合同的，甲方还应发给乙方不低于企业上年月人均工资六个月的医疗补助费，患重病和绝症的还应增加医疗补助费，患重病的增加部分不低于医疗补助费的百分之五十，患绝症的增加部分不低于医疗补助费的百分之一百。

第三十五条 甲方违反本合同约定的条件解除劳动合同或由于甲方原因订立的无效劳动合同，给乙方造成损害的，应按损失程度承担赔偿责任。

第三十六条 乙方违反本合同约定的条件解除劳动合同或违反本合同约定的保守商业秘密事项，对甲方造成经济损失的，应按损失的程度依法承担赔偿责任。

第三十七条　乙方解除本合同的，凡由甲方出资培训和招接收的人员，应向甲方偿付培训费和招接收费。其标准为________。

九、劳动争议处理

第三十八条　因履行本合同发生的劳动争议，当事人可以向本单位劳动争议调解委员会申请调解；调解不成，当事人一方要求仲裁的，应当自劳动争议发生之日起六十日内向________劳动争议仲裁委员会申请仲裁。当事人一方也可以直接向劳动争议仲裁委员会申请仲裁。对裁决不服的，可以向人民法院提起诉讼。

十、其他

第三十九条　本合同一式两份，甲乙双方各执一份。

甲方（盖章）　　　　　　　　乙方（签章）

法定代表人（签章）

年　　月　　日

竞业限制合同范本

甲方：（企业）　　　　　　　　　营业执照码：

乙方：（员工）　　　　　　　　　身份证号码：

鉴于乙方知悉的甲方商业秘密具有重要影响，为保护双方的合法权益，双方根据国家有关法律法规，本着平等自愿和诚信的原则，经协商一致，达成下列条款，双方共同遵守：

一、乙方义务

1. 1未经甲方同意，在职期间不得自营或者为他人经营与甲方同类的行业；

1. 2不论因何种原因从甲方离职，离职后三年内不得到与甲方有竞争关系的单位就职。

1. 3不论因何种原因从甲方离职，离职后三年内不自办与甲方有竞争关系的企业或者从事与甲方商业秘密有关的产品的生产。

二、甲方义务

从乙方离职后开始计算竞业限制时起，甲方应当按照竞业限制期限向乙方支付一定数额的竞业限制补偿费。补偿费的金额为乙方离开甲方单位前一年的基本工资（不包括奖金、福利、劳保等）。补偿费按季支付，由甲方通过银行支付至乙方银行卡上。如乙方拒绝领取，甲方可以将补偿费向有关方面提存。

三、违约责任

3. 1乙方不履行规定的义务，应当承担违约责任，一次性向甲方支付违约金，金额为乙方离开甲方单位前一年的基本工资的五十倍。同时，乙方因违约行为所获得的收益应当还甲方。

3. 2甲方不履行义务，拒绝支付乙方的竞业限制补偿费甲方应当一次性支付乙方违约金人民币五万元。

四、争议解决

因本协议引起的纠纷，由双方协商解决。如协商不成，则提交____________仲裁委员会仲裁。

五、合同效力

本合同自双方签章之日起生效。本合同的修改，必须采用双方同意的书面形式。

双方确认，已经仔细审阅过合同的内容，并完全了解合同各条款的法律含义。

甲方：（签章）　　　　　　　　乙方：（签名）

年　　月　　日

涉外劳动技术服务合同范本

甲方：____国________公司　　法定地址：________

电话：__________　电传：________　电报挂号：________

乙方：中国________公司　　法定地址：________

电话：__________　电传：________　电报挂号：________

第一条　根据甲方的愿望，乙方同意派遣中国工程师、技术工人、行政人员（翻译、厨师）在________国工作。具体人数、工种、工龄和月工资详见本合同附件（略）。该附件为本合同不可分割的组成部分。

第二条　乙方人员出入中国国境和过境手续，由乙方负责办理，并负担其费用。乙方人员出入________国国境的签证和在________国境内所需办理的居留、劳动许可证等手续，由甲方负责办理并负担其费用。

第三条　乙方人员在________国工作期间，由甲方按本合同的规定向乙方人员支付每月的工资。

凡工作不满______个月的乙方人员，按下列公式计算：不满______个月工资月的工资 =________× 工作天数（包括周日和官方假日）________天。

上述工资应以乙方人员到达________国之日起到离开________国之日止计算。

乙方于每月末将乙方人员该月的工资，包括加班费，列具清单提交甲方，甲方于清单开出之日起________天内按清单所列金额的百分之七十五以美元支付，并按当天牌价电汇给________中国银行总行营业部中国________公司________账户，并按________国________银行的规定负担其手续费。同时书面通知中国驻________国大使馆经济参赞处。

甲方将乙方人员月工资和加班费的百分之五以______国______货币支付并汇给中国驻________国大使馆经济参赞处在________银行________账户。

第四条　甲方负责乙方人员从________到________的旅费，并负责将此费用汇到上述乙方账户。乙方人员从________返回________，由甲方通过________航空公司向乙方人员提供机票。甲方负责乙方人员只限往或返单程的行李超重费，其重量为________公斤。

第五条　甲方负责乙方人员的住宿费，在工作时间和加班时间提供从居住地到工地的交通工具，负责国营医院的医疗费。

乙方人员的工资和加班费不交所得税。

甲方为乙方人员在________国家保险公司投保生命保险。其保险费每人为（货币及数量）________。

甲方向乙方人员提供工作服和工作所需的工具。

甲方提供的住房，包括水、电、空调和必要的家具、床和床上用品。

乙方人员的居住面积如下：

（1）组长、工程师、技术员、行政人员为八至十平方米；

（2）其余人员为四至五平方米。

甲方向乙方提供厨房所用的炊具和旨在自己用饭所需的餐具。

第六条　乙方人员每周工作六天，每天工作八小时。

根据工程需要，甲方需要乙方人员加班时，加班工资按下列比例计算：平时加班为日工资百分之________，周假日加班为日工资的百分之________。

第七条　乙方人员享受周日假和国官方规定的节假日为七天。

乙方人员每年享受带薪休假________天。如乙方不愿享受上述假期或享受部分天数，甲方应向乙方提供报酬，其工资按下列方法计算：月工资________× 假期工作天数________天。

第八条　根据总利益的要求，甲方有权在任何时间内终止本合同，在这种情况下乙方人员应享受________个月或本合同所余期限的工资，但以最短的时间为准。乙方人员将有权享受回________的机票。

在乙方愿望以外的原因而停工，如断电、断水、材料供应不足等，在停工期间甲方照付乙方人员的工资。但根据工作需要，甲方有权使其在其他项目上工作。

第九条　在紧急情况下，（乙方在国内其家庭人员死亡）甲方在得到乙方书面通知后，对有事人员给予________个月的紧急事假，并向其支付代替平时总假期的报酬。超过________个月的期限没有工资，对此乙方负责其旅费。紧急事假，超过________个月的时间，乙方应在________个月结束后的________个月内予以替换，并负责替换者的旅费。

第十条　乙方人员因工作生病或伤残，甲方在________个月内负责支付在________国内的医疗费和全部工资。如在________个月内不能痊愈，乙方应负责替换，在此情况下的________个月内甲方负责伤者回________的旅费和替换者来________的旅费。同样，甲方将根据________国通行的规定对伤病者给予补偿的各种措施。

在________期间，乙方人员如发生死亡，甲方应办理一切丧葬或遗体火化以及遗体或骨灰运回________的一切善后费用。还有行李及遗物运回的费用。如因工作而死亡，按照________国保护法的规定向死者家属支付抚恤金。

第十一条　乙方人员在________服务期间，应遵守________国现行法律和规章制度，要保守机密，不泄密，在其执行任务期间或合同结束以后不作有害甲方利益的事。乙方人员应尊重________当地的风俗习惯。

甲方应为乙方人员提供工作方便，不干涉其工作时间以外和住地内的社会活动自由，尊重乙方人员的生活习惯以及对推动工作的良好建议。

第十二条　服务期为________年，从乙方人员到达________地算起，其间包括乙方人员在________国内或国外所享受的假期。

本合同自签字之日起生效，有效期________年。期满根据甲方要求，经乙方同意可以延长。

当本合同延期后，乙方人员在工作________年后，月工资增长5%。

第十三条　乙方人员在工作期间，甲方有权撤换其不称职的任何人员，乙方需在甲方通知后的________个月内予以替换，不给任何费用。

在合同期内，乙方人员擅自放弃工作，将不给予机票待遇。但由于执行工作而生病，且有医疗证明者除外。

在本合同签字期间或签字后，凡乙方已在________的人员，不享受从________到________的机票。但甲方按本合同规定在工作结束时，负责其从________至________的旅费。

甲方不允许乙方人员在工作以外的时间干私活或任何方面的自行开业。

第十四条　自工作开始，甲方向乙方支付________个月的预付款，并在四个月内偿还。

乙方人员抵达________后，________国现行出差补贴规定适用于乙方人员。

第十五条　由于地震、台风、水灾、火灾、战争以及其他不能预见并且对其发生和后果不能防止或避免的不可抗力事故，致使直接影响合同的履行或者按约定的条件履行时，事故的一方应在五天内电报通知另一方，并提交由当地公证机关出具的有效证明，经双方协商决定后，可以免除或部分免除履行合同的责任，亦可商定补救办法的补充协议，以付诸实施。

第十六条　双方应严格遵守本合同的各项条款，任何一方或双方违约都必须承担责任，负责赔偿由此产生的一切经济损失。

第十七条　为保证本合同及其附件的履行，双方应相互提供履约合同的银行担保书，或协商约定其他形式的担保。

第十八条　除合同中另有规定外或经双方协商同意外，本合同所规定双方的权利和义务，任何一方未经另一方的书面同意，不得转让给第三者。

第十九条　双方对合同的内容及其实施负有保密责任。

第二十条　双方在发生重大情况变化时，可协商修改、补充乃至解除或终止本合同，但不影响当事人对于损失赔偿的请求权和合同关于解决争议条款的效力。

第二十一条　凡因执行本合同或与本合同有关事项所发生的一切争执，应由双方通过友好方式协商解决。如果不能取得协议时，则在被告国家根据被告国仲裁机构的仲裁程序规则进行仲裁。仲裁决定是终局的，对双方具有同等约束力。仲裁费用除非仲裁机构另有决定，均由败诉一方负担。

第二十二条　甲方协助乙方在合同履行地聘请一名当地律师担任乙方的法律顾问，以协助和指导乙方履行合同和解决争议，其费用由甲方负担。

第二十三条　本合同的适用法律选择由双方协商同意的第三国实体法，并参照有关的国际公约和国际惯例。

本合同用中文和________文写成，两种文字具有同等效力。合同正本两份，双方各执一份；副本若干份。

本合同于年________月______日______由甲、乙双方的授权代表在________国________市签字。

甲方：　　　　　　　　乙方：
代表：　　　　　　　　代表：
职务：　　　　　　　　职务：
签字：　　　　　　　　签字：

见证人：
××律师事务所律师：（签字）

年　月　日

劳务派遣合同范本

编号：________________

根据《中华人民共和国劳动法》《中华人民共和国劳动合同法》和有关法律、法规，甲乙双方经平等自愿、协商一致签订本合同，共同遵守本合同所列条款。

一、劳动合同双方当事人基本情况

第一条　甲方________，法定代表人（主要负责人）________，或委托代理人________，注册地址________，经营地址________。

第二条　乙方________，性别________，户籍类型（非农业、农业）________，居民身份证号码________，或者其他有效证件名称________，证件号码________，在甲方工作起始时间______年______月______日，家庭住址________，邮政编码________，户口所在地________省（市）________区（县）________街道（乡镇）。

二、劳动合同期限

第三条　本合同为固定期限劳动合同。本合同于______年______月______日生效，其中试用期至______年______月______日止。本合同于______年______月______日终止。甲方派遣乙方到用工单位的派遣期限自______年______月______日开始。

三、工作内容和工作地点

第四条　甲方派遣乙方工作的用工单位名称______________________。

第五条　乙方同意根据用工单位工作需要，担任____________岗位（工种）工作。

第六条　根据用工单位的岗位（工种）作业特点，乙方的工作区域或工作地点为____。

第七条　乙方按用工单位的要求应达到____________________工作标准。

四、工作时间和休息休假

第八条　用工单位安排乙方执行________工时制度。执行标准工时制度的，乙方每天工作时间不超过八小时，每周工作不超过四十小时。每周休息日为________。用工单位安排乙方执行综合计算工时工作制度或者不定时工作制度的，应当事先取得劳动行政部门特殊工时制度的行政许可决定。

第九条　甲方和用工单位对乙方实行的休假制度有__________________。

五、劳动报酬

第十条　甲方每月______日前以货币形式支付乙方工资，月工资为______元。乙方在试用期期间的工资为______元。甲乙双方对工资的其他约定____。

第十一条　甲方未能安排乙方工作或者被用工单位退回期间，按照____________________最低工资标准支付乙方报酬。

六、社会保险及其他保险福利待遇

第十二条　甲乙双方按国家的规定参加社会保险。甲方为乙方办理有关社会保险手续，并承担相应社会保险义务。

第十三条　乙方患病或非因工负伤的医疗待遇按国家有关规定执行。甲方按________________________________支付乙方病假工资。

第十四条　乙方患职业病或因工负伤的待遇按国家的有关规定执行。

第十五条　甲方为乙方提供以下福利待遇________________________。

七、劳动保护、劳动条件和职业危害防护

第十六条　甲方应当要求用工单位根据生产岗位的需要，按照国家有关劳动安全、卫生的规定为乙方配备必要的安全防护措施，发放必要的劳动保护用品。

第十七条　甲方应当要求用工单位根据国家有关法律、法规，建立安全生产制度；乙方应当严格遵守甲方和用人单位的劳动安全制度，严禁违章作业，防止劳动过程中的事故，减少职业危害。

第十八条　甲方应当要求用工单位建立、健全职业病防治责任制，加强对职业病防治的管理，提高职业病防治水平。

八、劳动合同的解除、终止和经济补偿

第十九条　甲乙双方解除、终止、续订劳动合同应当依照《中华人民共和国劳动合同法》和国家有关规定执行。

第二十条　甲方应当在解除或者终止本合同时，为乙方出具解除或者终止劳动合同的证明，并在十五日内为乙方办理档案和社会保险关系转移手续。

第二十一条　乙方应当按照双方约定，办理工作交接。应当支付经济补偿的，在办结工作交接时支付。

九、当事人约定的其他内容

第二十二条　甲乙双方约定本合同增加以下内容：__________________。

十、劳动争议处理及其他

第二十三条　双方因履行本合同发生争议，当事人可以向甲方劳动争议调解委员会申请调解；调解不成的，可以向劳动争议仲裁委员会申请仲裁。当事人一方也可以直接向劳动争议仲裁委员会申请仲裁。

第二十四条　本合同未尽事宜或与今后国家有关规定相悖的，按有关规定执行。

第二十五条　本合同一式两份，甲乙双方各执一份。

甲方：	乙方：
代表：	代表：
职务：	职务：
签字：	签字：

年　　月　　日

工伤认定申请书

申请人：______________________________

委托代理人：______________________________

受伤害职工：______________________________

申请人与受伤害职工关系：______________________________

申请人地址：______________________________

邮政编码：______________________________

联系电话：______________________________

填表日期：______________________________

【填表说明】

1. 用钢笔或签字笔填写，字体工整清楚。

2. 申请人为用人单位或工会组织的，在名称处加盖公章。

3. 申请人与受伤害职工关系一栏，可根据实际在如下几种情况中选择：

（1）单位；（2）职工本人；（3）职工亲属；（4）工会组织；（5）其他。

4. 如申请人无委托他人代理的，在“委托代理人”一栏填“无”。

5. 伤害部位和疾病名称一栏，其中“疾病名称”根据医疗诊断证明的诊断结论填写；“伤害部位”可根据实际在如下几种情况中选择：

（1）肢体损伤；（2）颅脑损伤；（3）脊柱及脊髓损伤；（4）胸部损伤；（5）腹部损伤；（6）口腔、颌面损伤；（7）眼及视觉损伤；（8）鼻及嗅觉损伤；（9）耳及听觉损伤；（10）颈部器官损伤；（11）肌肤损伤；（12）毒物中毒；（13）综合伤。

6. 参加工作时间一栏应填受伤害职工进入事故发生所在单位工作的日期。

7. 诊断时间一栏，职业病者，按职业病确诊时间填写；受伤或死亡的，按初诊时间填写。

8. 职业病名称按照职业病诊断证明书或者职业病诊断鉴定书填写，接触职业病危害时间按实际接触时间填写。不是职业病的不填。

9. 受伤害职工经过简述，应写清事故时间、地点，当时所从事的工作，受伤害的原因以及伤害部位和程度；职业病患者应写清在何单位从事何种有害作业，起止时间，确诊结果。

属于下列情况应提供相关的证明材料：

因履行工作职责受到暴力伤害的，提交公安机关或人民法院的判决书或其他有效证明。

由于机动车事故引起的伤亡事故提出工伤认定的，提交公安交通管理等部门的责任认定书或其他有效证明。

因工外出期间，由于工作原因受到伤害的，提交公安部门证明或其他有效证明；发生事故下落不明，需认定因工死亡的提交人民法院宣告死亡的结论。

在工作时间和工作岗位，突发疾病死亡或在四十八小时内经抢救无效死亡的，提交医疗机构的抢救和死亡证明。

属于抢险救灾等维护国家利益。公众利益活动中受到伤害的，按照法律法规规定，提交有效证明。

属于因战、因公负伤致残的转业、复员军人，旧伤复发的，提交《革命伤残军人证》及医疗机构对旧伤复发的诊断证明。

对因特殊情况，无法相关证明材料的，应书面说明情况。

10. 受伤害职工或亲属意见栏应写明是否同意申请工伤认定，以上所填情况是否真实。

11. 用人单位意见栏，单位应签署是否同意申请工伤，所填情况是否属实，法定代表人签字并加盖单位公章。

12. 社会保障部门审查资料栏应填写补正材料的情况；受理意见栏应填写是否受理的意见。

<table>
<tr><td>职工姓名</td><td></td><td>性别</td><td colspan="2"></td><td>出生年月</td><td></td></tr>
<tr><td>身份证号码</td><td colspan="4"></td><td>联系电话</td><td></td></tr>
<tr><td>家庭详细地址</td><td colspan="6"></td></tr>
<tr><td>工作单位</td><td colspan="6"></td></tr>
<tr><td>单位联系电话</td><td colspan="4"></td><td>法人代表</td><td></td></tr>
<tr><td>单位地址</td><td colspan="6"></td></tr>
<tr><td colspan="2">职业、工种或工作岗位</td><td colspan="3"></td><td>参加工作时间</td><td></td></tr>
<tr><td>申请事项</td><td colspan="4">□认定工伤 □认定非工伤</td><td>事故时间</td><td></td></tr>
<tr><td>事故发生地点</td><td colspan="4"></td><td>事故见证人</td><td></td></tr>
<tr><td colspan="2">伤害部位或疾病名称</td><td colspan="3"></td><td>职业病名称</td><td></td></tr>
<tr><td>诊断时间</td><td></td><td colspan="2">接触职业病危害时间</td><td></td><td>接触职业病危害岗位</td><td></td></tr>
</table>

受伤害职工或亲属意见：   签字： 年　月　日
用人单位意见：   法人代表签字： 印章 年　月　日
社会保障行政部门审查资料情况：   经办人： 年　月　日
社会保障行政部门受理意见：   印章 年　月　日
备注：

劳动争议仲裁申请书

申诉人：____

姓　名：____

性　别：____

年　龄：____

被诉人：____

法定代表人：____________________________________

地　址：____

请求事项：______________________________________

____

____

事实和理由：（包括证据和证据来源、证人姓名和住址等情况）：

____

____

此致

__________劳动争议仲裁委员会

申诉人：（签名或盖章）

____年____月____日

附：1. 副本 × 份

2. 物证 × 份

3. 书证 × 份

【填表说明】

劳动争议仲裁申诉申请书是当事人向劳动争议仲裁委员会申请仲裁时提交的法律文书。填写此类法律文书时所依据的法律法规主要有：《中华人民共和国劳动法》、劳动部《关于贯彻执行〈中华人民共和国劳动法〉若干问题的意见》《中华人民共和国劳动争议调解仲裁法》《劳动仲裁委员会组织规则》等。

填写劳动争议仲裁申诉申请书文书时应当注意的问题是：

第一，填写劳动争议仲裁申诉申请书前应当对有关劳动争议仲裁的基本知识有所了解。根据《中华人民共和国劳动争议调解仲裁法》规定，劳动争议是指：

（一）因确认劳动关系发生的争议；

（二）因订立、履行、变更、解除和终止劳动合同发生的争议；

（三）因除名、辞退和辞职、离职发生的争议；

（四）因工作时间、休息休假、社会保险、福利、培训以及劳动保护发生的争议；

（五）因劳动报酬、工伤医疗费、经济补偿或者赔偿金等发生的争议；

（六）法律、法规规定的其他劳动争议。

只有在上列几种情形下，争议双方当事人方可填写劳动争议仲裁申诉申请书提起仲裁程序，如果发生劳动争议的一方当事人在三人以上，并且有共同理由的，应当推荐代表人进行劳动调解或者仲裁活动。同时，劳动争议发生后，当事人既可以协商解决，也可以直接申请仲裁。

第二，关于仲裁时效的问题。当事人向劳动争议仲裁委员会提起仲裁，必须在法律规定的期限内提出。仲裁申请时效一年 。

第三，当事人必须向有管辖权的仲裁委员会提起申诉。根据《中华人民共和国劳动争议调解仲裁法》的规定，县、市、市辖区仲裁委员会负责本行政区域内发生的劳动争议。因此，当事人应当向劳动争议发生地的仲裁委员会提交申请书。如果发生劳动争议的企业与职工不在同一个仲裁委员会辖区的，由职工当事人工资关系所在地的仲裁委员会处理。

第四，争议当事人向仲裁委员会提出申请书时，应当有正本和副本两份，正本提交给劳动争议仲裁委员会，副本发送给被申诉人，当事人应当按照被申诉人的人数提交申诉书副本，由劳动争议仲裁委员会送达被申诉人。

劳动争议仲裁申诉申请书应当写明下列事项：

（1）当事人的姓名、职业、住址、工作单位，企业名称、地址和法定代表人姓名、职务；申诉人是职工的，“姓名”一栏应写明本人的姓名，申诉人是单位的，“姓名”一栏可以不填。

（2）申请仲裁的事实和理由。填写此项时要做到简明扼要，一目了然。

劳动争议起诉状

原告：____

法定代表人：____________________________________

委托代理人：____________________________________

被告：____

法定代表人：____________________________________

诉讼请求：______________________________________

____

____

____

____

____

事实和理由：____________________________________

____

____

____

____

____

此致

__________人民法院

原告人：（签名或盖章）

法定代表人：（签名）

__________年______月______日

附：1. 本诉状副本 × 份（按被告人数确定）；

2. 证据 × 份；

3. 其他材料 × 份。

【填写说明】

1. 当事人栏，注明自然情况。自然人要列出姓名、性别、年龄、民族、工作单位、住址。法人或其他组织要列出名称、住所地、法定代表人或负责人姓名、职务，填写要准确，特别是姓名（名称）栏不能有任何错字。地址要尽量详实，具体到门牌号。最好注明邮编及通讯方式。

2. 案由。主要写明当事人之间讼争的法律关系及其争议。

3. 诉讼请求。主要写明请求解决争议的权益和争议的事实，以及请求人民法院依法解决原告一方要求的有关民事权益争议的具体事项。

4. 事实和理由。事实部分，要全面反映案件事实的客观真实情况。

5. 在起诉状尾部，当事人是自然人的，要由本人签字，是法人或其他组织的，由法定代表人或负责人签字并加盖单位公章。日期要填写准确。

最新全国"七五"普法系列读物

总顾问：张苏军　　总主编：李林　陈甦　陈泽宪　莫纪宏

名　　称	规格	定价
全国"七五"普法统编教材（以案释法版，共 25 册）		
宪法知识党员干部读本（以案释法版）	16 开	28
宪法知识中小学生读本（以案释法版）	16 开	18
宪法知识公民读本（以案释法版）	16 开	18
全面推进依法治国党员干部读本（以案释法版）	16 开	28
领导干部法治思维和法治方式读本（以案释法版）	16 开	28
党委(党组)理论学习中心组法治学习读本（以案释法版）	16 开	38
领导干部学法用法读本（以案释法版）	16 开	38
公务员学法用法读本（以案释法版）	16 开	38
事业单位人员学法用法读本（以案释法版）	16 开	38
企业经营管理人员学法用法读本（以案释法版）	16 开	38
非公有制企业和商会学法用法读本（以案释法版）	16 开	38
职工学法用法读本（以案释法版）	16 开	28
农民工学法用法读本（以案释法版）	16 开	24
社区居委会干部学法用法读本（以案释法版）	16 开	28
社区居民学法用法读本（以案释法版）	16 开	24
农村"两委"干部学法用法读本（以案释法版）	16 开	32
农民学法用法读本（以案释法版）	16 开	24
公民学法用法读本（以案释法版）	16 开	28
青少年法治教育（以案释法小学版）	16 开	12
青少年法治教育（以案释法初中版）	16 开	15
青少年法治教育（以案释法高中版）	16 开	18
教职工法治教育读本（以案释法版）	16 开	38
"大众创业万众创新"法律知识读本（以案释法版）	16 开	28
"一带一路"法律知识读本（以案释法版）	16 开	28
党内法规宣传读本（以案释法版）	16 开	28
"谁执法谁普法"行业普法读本（以案释法版 70 册）		
审判法律知识读本（以案释法版）	16 开	28
检察法律知识读本（以案释法版）	16 开	28
监察法律知识读本（以案释法版）	16 开	28
政府法制法律知识读本（以案释法版）	16 开	28
保密法律知识读本（以案释法版）	16 开	28
档案法律知识读本（以案释法版）	16 开	28

信访法律知识读本（以案释法版）	16开	28
国防法律知识读本（以案释法版）	16开	28
发展改革法律知识读本（以案释法版）	16开	28
粮食法律知识读本（以案释法版）	16开	28
教育法律知识读本（以案释法版）	16开	28
体育法律知识读本（以案释法版）	16开	28
科技法律知识读本（以案释法版）	16开	28
工业和信息化法律知识读本（以案释法版）	16开	28
烟草法律知识读本（以案释法版）	16开	28
民族法律知识读本（以案释法版）	16开	28
宗教法律知识读本（以案释法版）	16开	28
公安法律知识读本（以案释法版）	16开	28
国家安全法律知识读本（以案释法版）	16开	28
民政法律知识读本（以案释法版）	16开	28
司法协助法律知识读本（以案释法版）	16开	28
财政法律知识读本（以案释法版）	16开	28
审计法律知识读本（以案释法版）	16开	28
国土资源法律知识读本（以案释法版）	16开	28
人力资源和社会保障法律知识读本（以案释法版）	16开	28
环境保护法律知识读本（以案释法版）	16开	28
住房和城乡建设法律知识读本（以案释法版）	16开	28
交通法律知识读本（以案释法版）	16开	28
铁路法律知识读本（以案释法版）	16开	28
民航法律知识读本（以案释法版）	16开	28
邮政法律知识读本（以案释法版）	16开	28
商务法律知识读本（以案释法版）	16开	28
农业法律知识读本（以案释法版）	16开	28
林业法律知识读本（以案释法版）	16开	28
水利法律知识读本（以案释法版）	16开	28
文化法律知识读本（以案释法版）	16开	28
新闻出版广电法律知识读本（以案释法版）	16开	28
卫生法律知识读本（以案释法版）	16开	28
计划生育法律知识读本（以案释法版）	16开	28
人民银行法律知识读本（以案释法版）	16开	28
海关法律知识读本（以案释法版）	16开	28
国资监管法律知识读本（以案释法版）	16开	28
税务法律知识读本（以案释法版）	16开	28
工商行政管理法律知识读本（以案释法版）	16开	28
质量检验检疫法律知识读本（以案释法版）	16开	28
安全生产监管法律知识读本（以案释法版）	16开	28
食品药品监管法律知识读本（以案释法版）	16开	28

统计法律知识读本（以案释法版）	16开	28
旅游法律知识读本（以案释法版）	16开	28
地震法律知识读本（以案释法版）	16开	28
气象法律知识读本（以案释法版）	16开	28
银行业监管法律知识读本（以案释法版）	16开	28
证券监管法律知识读本（以案释法版）	16开	28
保险监管法律知识读本（以案释法版）	16开	28
能源法律知识读本（以案释法版）	16开	28
编制法律知识读本（以案释法版）	16开	28
海洋法律知识读本（以案释法版）	16开	28
外汇管理法律知识读本（以案释法版）	16开	28
文物法律知识读本（以案释法版）	16开	28
中医药法律知识读本（以案释法版）	16开	28
国防科工法律知识读本（以案释法版）	16开	28
港澳台法律知识读本（以案释法版）	16开	28
知识产权法律知识读本（以案释法版）	16开	28
供销社法律知识读本（以案释法版）	16开	28
工会法律知识读本（以案释法版）	16开	28
共青团法律知识读本（以案释法版）	16开	28
妇联法律知识读本（以案释法版）	16开	28
文联作协法律知识读本（以案释法版）	16开	28
残联法律知识读本（以案释法版）	16开	28
红十字会法律知识读本（以案释法版）	16开	28
“谁执法谁普法”宣传册丛书（漫画故事版，共70册）		
审判普法宣传册（漫画故事版）	大32	8
检察普法宣传册（漫画故事版）	大32	8
监察普法宣传册（漫画故事版）	大32	8
政府法制普法宣传册（漫画故事版）	大32	8
保密普法宣传册（漫画故事版）	大32	8
档案普法宣传册（漫画故事版）	大32	8
信访普法宣传册（漫画故事版）	大32	8
国防普法宣传册（漫画故事版）	大32	8
发展改革普法宣传册（漫画故事版）	大32	8
粮食普法宣传册（漫画故事版）	大32	8
教育普法宣传册（漫画故事版）	大32	8
体育普法宣传册（漫画故事版）	大32	8
科技普法宣传册（漫画故事版）	大32	8
工业和信息化普法宣传册（漫画故事版）	大32	8
烟草普法宣传册（漫画故事版）	大32	8
民族普法宣传册（漫画故事版）	大32	8
宗教普法宣传册（漫画故事版）	大32	8

公安普法宣传册（漫画故事版）	大 32	8
国家安全普法宣传册（漫画故事版）	大 32	8
民政普法宣传册（漫画故事版）	大 32	8
司法协助普法宣传册（漫画故事版）	大 32	8
财政普法宣传册（漫画故事版）	大 32	8
审计普法宣传册（漫画故事版）	大 32	8
国土资源普法宣传册（漫画故事版）	大 32	8
人力资源和社会保障普法宣传册（漫画故事版）	大 32	8
环境保护普法宣传册（漫画故事版）	大 32	8
住房和城乡建设普法宣传册（漫画故事版）	大 32	8
交通普法宣传册（漫画故事版）	大 32	8
铁路普法宣传册（漫画故事版）	大 32	8
民航普法宣传册（漫画故事版）	大 32	8
邮政普法宣传册（漫画故事版）	大 32	8
商务普法宣传册（漫画故事版）	大 32	8
农业普法宣传册（漫画故事版）	大 32	8
林业普法宣传册（漫画故事版）	大 32	8
水利普法宣传册（漫画故事版）	大 32	8
文化普法宣传册（漫画故事版）	大 32	8
广电新闻出版普法宣传册（漫画故事版）	大 32	8
卫生普法宣传册（漫画故事版）	大 32	8
计划生育普法宣传册（漫画故事版）	大 32	8
人民银行普法宣传册（漫画故事版）	大 32	8
海关普法宣传册（漫画故事版）	大 32	8
国资监管普法宣传册（漫画故事版）	大 32	8
税务普法宣传册（漫画故事版）	大 32	8
工商行政管理普法宣传册（漫画故事版）	大 32	8
质量检验检疫普法宣传册（漫画故事版）	大 32	8
安全生产监管普法宣传册（漫画故事版）	大 32	8
食品药品监管普法宣传册（漫画故事版）	大 32	8
统计普法宣传册（漫画故事版）	大 32	8
旅游普法宣传册（漫画故事版）	大 32	8
地震普法宣传册（漫画故事版）	大 32	8
气象普法宣传册（漫画故事版）	大 32	8
银行业监管普法宣传册（漫画故事版）	大 32	8
证券监管普法宣传册（漫画故事版）	大 32	8
保险监管普法宣传册（漫画故事版）	大 32	8
能源普法宣传册（漫画故事版）	大 32	8
编制普法宣传册（漫画故事版）	大 32	8
海洋普法宣传册（漫画故事版）	大 32	8
外汇管理普法宣传册（漫画故事版）	大 32	8

文物普法宣传册（漫画故事版）	大 32	8
中医药普法宣传册（漫画故事版）	大 32	8
国防科工普法宣传册（漫画故事版）	大 32	8
港澳台普法宣传册（漫画故事版）	大 32	8
知识产权普法宣传册（漫画故事版）	大 32	8
供销社普法宣传册（漫画故事版）	大 32	8
工会普法宣传册（漫画故事版）	大 32	8
共青团普法宣传册（漫画故事版）	大 32	8
妇联普法宣传册（漫画故事版）	大 32	8
文联作协普法宣传册（漫画故事版）	大 32	8
残联普法宣传册（漫画故事版）	大 32	8
红十字会普法宣传册（漫画故事版）	大 32	8
青少年《法治教育》教材（法治实践版，共 30 册）		
法治教育（法治实践版·小学一年级注音版上）	16 开	6.8
法治教育（法治实践版·小学一年级注音版下）	16 开	6.8
法治教育（法治实践版·小学二年级注音版上）	16 开	6.8
法治教育（法治实践版·小学二年级注音版下）	16 开	6.8
法治教育（法治实践版·小学三年级上）	16 开	8.8
法治教育（法治实践版·小学三年级下）	16 开	8.8
法治教育（法治实践版·小学四年级上）	16 开	8.8
法治教育（法治实践版·小学四年级下）	16 开	8.8
法治教育（法治实践版·小学五年级上）	16 开	8.8
法治教育（法治实践版·小学五年级下）	16 开	8.8
法治教育（法治实践版·小学六年级上）	16 开	8.8
法治教育（法治实践版·小学六年级下）	16 开	8.8
法治教育（法治实践版·初中一年级上）	16 开	10.8
法治教育（法治实践版·初中一年级下）	16 开	10.8
法治教育（法治实践版·初中二年级上）	16 开	10.8
法治教育（法治实践版·初中二年级下）	16 开	10.8
法治教育（法治实践版·初中三年级上）	16 开	10.8
法治教育（法治实践版·初中三年级下）	16 开	10.8
法治教育（法治实践版·高中一年级上）	16 开	12.8
法治教育（法治实践版·高中一年级下）	16 开	12.8
法治教育（法治实践版·高中二年级上）	16 开	12.8
法治教育（法治实践版·高中二年级下）	16 开	12.8
法治教育（法治实践版·高中三年级上）	16 开	12.8
法治教育（法治实践版·高中三年级下）	16 开	12.8
法治教育（法治实践版·中职中专一年级）	16 开	14.8
法治教育（法治实践版·中职中专二年级）	16 开	14.8
法治教育（法治实践版·中职中专三年级）	16 开	14.8
法治教育（法治实践版·大学一年级）	16 开	19.8

法治教育（法治实践版·大学二年级）	16开	19.8
法治教育（法治实践版·大学三年级）	16开	19.8
“七五”普法书架—“以案释法”丛书 （共60册）	16开	2160
《公民权益保护法律指南》丛书（10册/套）	16开	360（量大时外包装纸盒上可署名**编印或**捐赠，订60册全套增书架一幅）
公民权利义务法律指南（以案释法版）	16开	
未成年人权益保护法律指南（以案释法版）	16开	
妇女权益保护法律指南（以案释法版）	16开	
老年人权益保护法律指南（以案释法版）	16开	
务工人员权益保护法律指南（以案释法版）	16开	
军人权益保护法律指南（以案释法版）	16开	
消费者维权法律指南（以案释法版）	16开	
征地拆迁维权法律指南（以案释法版）	16开	
监狱罪犯维权法律指南（以案释法版）	16开	
国家赔偿法律指南（以案释法版）	16开	
《大众创业风险防范法律指导》丛书（10册/套）	16开	360（量大时外包装纸盒上可署名**编印或**捐赠，订60册全套增书架一幅）
合同纠纷防范法律指导（以案释法版）	16开	
民间借贷纠纷防范法律指导（以案释法版）	16开	
合伙纠纷防范法律指导（以案释法版）	16开	
公司设立与股权纠纷防范法律指导（以案释法版）	16开	
企业税收风险防范法律指导（以案释法版）	16开	
抵押担保纠纷防范法律指导（以案释法版）	16开	
商标、专利纠纷防范法律指导（以案释法版）	16开	
票据存单纠纷防范法律指导（以案释法版）	16开	
委托理财纠纷防范法律指导（以案释法版）	16开	
企业改制与破产清算纠纷防范法律指导（以案释法版）	16开	
《一生中要远离这些违法犯罪》丛书（10册/套）	16开	360（量大时外包装纸盒上可署名**编印或**捐赠，订60册全套增书架一幅）
什么是违法（以案释法版）	16开	
什么是犯罪（以案释法版）	16开	
哪些行为构成危害公共安全罪（以案释法版）	16开	
哪些行为构成破坏社会主义市场经济秩序罪（以案释法版）	16开	
哪些行为构成侵犯公民人身权利、民主权利罪（以案释法版）	16开	
哪些行为构成侵犯财产罪（以案释法版）	16开	
哪些行为构成妨害社会管理秩序罪（以案释法版）	16开	
哪些行为构成贪污贿赂罪（以案释法版）	16开	
哪些行为构成渎职罪（以案释法版）	16开	
违法犯罪后如何辩护代理（以案释法版）	16开	
《民事纠纷法律适用指南》丛书（10册/套）	16开	360（量大时外包装纸盒上可署名**编印
人身伤害赔偿纠纷法律适用指南（以案释法版）	16开	
医疗事故赔偿纠纷法律适用指南（以案释法版）	16开	
环境污染赔偿纠纷法律适用指南（以案释法版）	16开	
工伤赔偿与劳动合同纠纷法律适用指南（以案释法版）	16开	

交通事故赔偿纠纷法律适用指南（以案释法版）	16开	
婚姻家庭纠纷法律适用指南（以案释法版）	16开	
收养、抚养、赡养与继承纠纷法律适用指南（以案释法版）	16开	
房屋纠纷法律适用指南（以案释法版）	16开	
宅基地与土地承包纠纷法律适用指南（以案释法版）	16开	
民事证据与民事诉讼法律适用指南（以案释法版）	16开	
《“法治创建”法律适用指导》丛书（10册/套）	16开	360（量大时外包装纸盒上可署名**编印或**捐赠，订60册全套增书架一幅）
安全生产法律适用指导（以案释法版）	16开	
食品安全法律适用指导（以案释法版）	16开	
道路交通安全法律适用指导（以案释法版）	16开	
工程建设质量与安全法律适用指导（以案释法版）	16开	
环境污染赔偿法律适用指导（以案释法版）	16开	
治安管理法律适用指导（以案释法版）	16开	
村民自治法律适用指导（以案释法版）	16开	
农村治安法律适用指导（以案释法版）	16开	
社区矫正法律适用指导（以案释法版）	16开	
人民调解法律适用指导（以案释法版）	16开	
《阳光执法适用指导》丛书（10册/套）	16开	360（量大时外包装纸盒上可署名**编印或**捐赠，订60册全套增书架一幅）
公安执法监督适用指导（以案释法版）	16开	
环保执法监督适用指导（以案释法版）	16开	
食药品监督管理适用指导（以案释法版）	16开	
安全生产监督管理适用指导（以案释法版）	16开	
行政处罚适用指导（以案释法版）	16开	
行政复议适用指导（以案释法版）	16开	
行政证据收集、举证、审查适用指导（以案释法版）	16开	
行政诉讼适用指导（以案释法版）	16开	
冤错案件的防范与纠正适用指导（以案释法版）	16开	
国家赔偿适用指导（以案释法版）	16开	
普法连续出版物《普法漫画》（合订本）	48辑	1440
全国普法办审定《普法漫画》月刊（1-12辑）	12辑	360
全国普法办审定《普法漫画》月刊（13-24辑）	12辑	360
全国普法办审定《普法漫画》月刊（25-36辑）	12辑	360
全国普法办审定《普法漫画》月刊（37-48辑）	12辑	360
普法连续出版物《普法音像》（合订本）	48辑	19200
全国普法办监制《普法音像》月刊（1-12辑）	12辑	4800
全国普法办监制《普法音像》月刊（13-24辑）	12辑	4800
全国普法办监制《普法音像》月刊（25-36辑）	12辑	4800
全国普法办监制《普法音像》月刊（37-48辑）	12辑	4800
普法连续出版物《普法挂图》（合订本）	48辑	960
《普法挂图》月刊（1-12辑）	24张	240
《普法挂图》月刊（13-24辑）	24张	240

《普法挂图》月刊（25-36 辑）	24 张	240
《普法挂图》月刊（37-48 辑）	24 张	240
“七五”普法挂图系列（45 种）		
《中华人民共和国国家安全法》挂图	2 张	20
《中华人民共和国食品安全法(修订版)》挂图	2 张	20
《中华人民共和国广告法》挂图	2 张	20
《中华人民共和国立法法》挂图	2 张	20
《中华人民共和国行政许可法》挂图	2 张	20
《中华人民共和国行政复议法》挂图	2 张	20
《中华人民共和国行政处罚法》挂图	2 张	20
《中华人民共和国社会救助暂行办法》挂图	2 张	20
《中华人民共和国水污染防治法》挂图	2 张	20
《中华人民共和国药品管理法》挂图	2 张	20
《工伤保险条例》挂图	2 张	20
《不动产登记暂行条例》挂图	2 张	20
《中华人民共和国社会保险法》挂图	2 张	20
《中华人民共和国突发事件应对法》挂图	2 张	20
《中华人民共和国劳动合同法》挂图	2 张	20
《中华人民共和国土地管理法》挂图	2 张	20
《中华人民共和国禁毒法》挂图	2 张	20
《中华人民共和国刑事诉讼法》挂图	2 张	20
《校车安全管理条例》挂图	2 张	20
《中华人民共和国道路交通安全法》挂图	2 张	20
《中华人民共和国民事诉讼法》(修正案)挂图	2 张	20
《中华人民共和国老年人权益保障法》挂图	2 张	20
《中华人民共和国预防未成年人犯罪法》挂图	2 张	20
《国有土地上房屋征收与补偿条例》挂图	2 张	20
《中华人民共和国物权法》挂图	2 张	20
《中华人民共和国治安管理处罚法》挂图	2 张	20
《中华人民共和国教师法》挂图	2 张	20
《中华人民共和国劳动法》挂图	2 张	20
《中华人民共和国农业法》挂图	2 张	20
《中华人民共和国旅游法》挂图	2 张	20
《中华人民共和国消费者权益保障法》挂图	2 张	20
《中华人民共和国职业病防治法》挂图	2 张	20
《中华人民共和国村民委员会组织法》挂图	2 张	20
《社区矫正实施办法》挂图	2 张	20
《信访条例》挂图	2 张	20
《法律援助条例》挂图	2 张	20
《中华人民共和国环境保护法(修订版)》挂图	2 张	20
《中华人民共和国劳动争议调解仲裁法》挂图	2 张	20

《中华人民共和国侵权责任法》挂图	2 张	20
《中华人民共和国国家赔偿法》挂图	2 张	20
《中华人民共和国安全生产法(修订版)》挂图	2 张	20
《中华人民共和国教育法》挂图	2 张	20
《中华人民共和国著作权法》挂图	2 张	20
《中华人民共和国人民调解法》挂图	4 张	30
《中华人民共和国反家庭暴力法》挂图	2 张	20
“七五”普法·“法律六进”系列普法挂图	72 张	720
《法律进农村》系列普法挂图	12 张	120
《法律进社区》系列普法挂图	12 张	120
《法律进学校》系列普法挂图	12 张	120
《法律进企业》系列普法挂图	12 张	120
《法律进单位》系列普法挂图	12 张	120
《法律进机关》系列普法挂图	12 张	120
“七五”普法·新时期法治宣传教育微讲座		
《立法法修正解读与立法实务操作》高端讲座	12DVD	1800
《行政执法能力提升培训》高端讲座	12DVD	2900
《宪法知识微讲座 100 讲》	10DVD	980
《法治思维 100 例》(领导干部、公务员、事业、国企、村居)	10DVD	1980
《公职人员法律和廉政风险防范讲座·领导干部篇》	2DVD	396
《公职人员法律和廉政风险防范讲座·公务员篇》	2DVD	396
《公职人员法律和廉政风险防范讲座·事业单位人民团体管理人员	2DVD	396
《公职人员法律和廉政风险防范讲座·国企经营管理人员篇》	2DVD	396
《公职人员法律和廉政风险防范讲座·基层村(居)干部篇》	2DVD	396
《开心普法——校园篇》电视情景短剧 30 集	10DVD	1800
“七五”普法·法学名家讲座系列(75 讲)		
《全面推进依法治国基本方略》(中国社科院莫纪宏)	2DVD	200
《宪法的价值和我国宪法的实施》(中国社科院陈云生)	2DVD	200
《坚持依法行政建设法治政府》(国家行政学院杨伟东)	1DVD	100
《行政许可法讲座》(国家行政学院杨伟东)	1DVD	100
《行政处罚法讲座》(中国政法大学解志勇)	1DVD	100
《行政复议法讲座》(国家行政学院杨伟东)	1DVD	100
《行政强制法讲座》(全国人大法工委李援)	2DVD	200
《行政诉讼法(修订)讲座》(首都经贸大兰燕卓)	2DVD	200
《国家赔偿法讲座》(中国政法大学解志勇)	1DVD	100
《突发事件应对法讲座》(中国政法大学王敬波)	2DVD	200
《公共应急体制和应急预案体系》(中国政法大学林鸿潮)	1DVD	100
《义务教育法》讲座(中国劳动学院宋艳慧)	1DVD	100
《未成年人保护法》讲座(北京外国语大学姚金菊)	1DVD	100
《校车安全管理条例》讲座(中国政法大学王敬波)	1DVD	100
《预防未成年人犯罪法》讲座(中国政法大学皮艺军)	1DVD	100

《中小学幼儿园安全管理办法》讲座(中国政法大学王敬波)	1DVD	100
《未成年人保护法》讲座(中国政法大学皮艺军)	1DVD	100
《中小学公共安全教育指导纲要》讲座(中国政法大学王敬波)	1DVD	100
《教师法》讲座(北京外国语大学姚金菊)	1DVD	100
《学生伤害事故处理办法》讲座(中国政法大学王敬波)	1DVD	100
《消防法》讲座(中国劳动学院颜峻)	1DVD	100
《治安管处罚法》讲座(中国公安大学陈天本)	1DVD	100
《禁毒法》讲座(国家禁毒委领导专家)	4DVD	400
《侵权责任法》讲座(中国人民大学邢海宝)	2DVD	200
《精神卫生法》讲座(北京大学医学部刘瑞爽)	1DVD	100
《全国人民代表大会和地方各级人民代表大会代表法》(莫纪宏)	2DVD	200
《村民委员会组织法》讲座(民政部基层司汤晋苏)	1DVD	100
《保守国家秘密法(修订)》讲座(全国人大法工委孙镇平)	1DVD	100
《出境入境管理法》讲座(北京理工大学刘国福)	2DVD	200
《物权法》讲座(中国社科院法学所渠涛)	2DVD	200
《公司法(修订)》讲座(中国人民大学贾林青)	2DVD	200
《合伙企业法》讲座(中国社科院法学所崔勤之)	2DVD	200
《消费者权益保护法》讲座(中国人民大学刘俊海)	2DVD	200
《商标法》讲座(中国政法大学冯晓青)	2DVD	200
《著作权法》讲座(中国政法大学杨利华)	2DVD	200
《专利法》讲座(中国政法大学陈丽苹)	1DVD	100
《信息网络传播权的保护》(中国政法大学冯晓青)	2DVD	200
《非物质文化遗产法》讲座(全国人大法工委李文阁)	1DVD	100
《税收征收管理法实施细则》讲座(北京大学翟继光)	2DVD	200
《征信业管理条例》讲座(中国人民大学刘俊海)	2DVD	200
《安全生产法》讲座(国务院发展研究中心常纪文)	2DVD	200
《药品管理法》讲座(南开大学宋华琳)	1DVD	100
《食品安全法与食品安全法制建设》讲座(全国人大李援)	1DVD	100
《环境保护法》讲座(国务院发展研究中心常纪文)	1DVD	100
《节约能源法》讲座(首都经贸大学高桂林)	1DVD	100
《清洁生产促进法》讲座(中国青年政治学院刘映春)	1DVD	100
《循环经济促进法》讲座(中国人民大学周珂)	1DVD	100
《水环境与水资源法律制度》讲座(中国人民大学周珂)	1DVD	100
《水土保持法》讲座(中国人民大学周珂)	1DVD	100
《渔业法》讲座(国务院发展研究中心常纪文)	1DVD	100
《土地管理法》讲座(北京立天律师事务所张捷)	1DVD	100
《国有土地上房屋征收与补偿条例》讲座(最高法院原法官王达)	3DVD	300
《城市房地产管理法》讲座(中国政法大学符启林)	2DVD	200
《物业管理条例》讲座(中国政法大学薛克刚)	1DVD	100
《农村土地承包法》讲座(中国社科院法学所刘海波)	1DVD	100
《农村土地承包经营纠纷调解仲裁法》讲座(社科院法学所刘海波)	1DVD	100

《旅游法》讲座(对外经贸大学苏号朋)	2DVD	200
《保险法》讲座(对外经贸大学李青武)	1DVD	100
《交强险条例》讲座(中国人民大学贾林青)	2DVD	200
《劳动合同法》讲座(北京市劳动仲裁委吴立华)	2DVD	200
《劳动争议调解仲裁法》讲座(北京市劳动仲裁委梁桂琴)	1DVD	100
《职业病防治法》讲座(中国劳动学院孟燕华)	1DVD	100
《社会保险法》讲座(人社部政策研究司李月田)	1DVD	100
《军人保险法》讲座(中国人民大学邢海宝)	1DVD	100
《婚姻法司法解释(三)》讲座(中国社科院法学所薛宁兰)	2DVD	200
《老年人权益保障法》讲座(河北经贸大学田宝会)	1DVD	100
《妇女权益保障法》讲座(河北经贸大学梁洪杰)	1DVD	100
《残疾人权益保障法》讲座(河北经贸大学梁洪杰)	1DVD	100
《刑法修正案(八)》讲座(中国政法大学阮齐林)	2DVD	200
《刑事诉讼法(修订)》讲座(中国社科院冀祥德)	2DVD	200
《民事诉讼法(修订)》讲座(中国政法大学肖建华)	2DVD	200
《刑事法律援助制度的发展和实施》(中国政法大学顾永忠)	2DVD	200
《人民调解法》讲座(中国人民大学范愉)	1DVD	100
《调解制度在司法实践中的运用》(国家法官学院徐继军)	2DVD	200
《社区矫正的理论与实务》讲座(司法部预防犯罪所陈志海)	4DVD	400
“七五”普法·“宪法”宣传图书		
《宪法》宣誓·手持本(精装)	32开	28
《宪法》宣誓·手按本(精装)	32开	40
《宪法与我》宣传册(漫画案例版)	32开	5
《宪法》单行本(平装)	32开	4
《宪法》单行本(精装)	32开	16
《宪法》单行本(口袋书,简装,2000册起订)	64开	2
《中小学生“宪法晨读”本》(口袋书)	64开	5
《国家工作人员“我读宪法”本》(口袋书)	64开	5
“七五”普法·“宪法”广播电视和新媒体系列		
《宪法》宣传条幅(室外,每包10条,红底白字内容不同)	10条	2000
《宪法》宣传标语(社区、农村,每包10条,红底白字内容不同)	10条	30
《宪法》摘要广播(流动车大喇叭,著名播音员录制,23分钟)	23分钟	1000
《宪法》宣传电视专题片(电视台,多画面,播音员录制,26分钟)	26分钟	5000
《宪法讲座—著名宪法学家陈云生》(上、下集120分钟,2DVD光盘)	2DVD	200
《宪法》宣传动漫公益广告(源文件)(6分钟9个主题,可自主编	9个	4000
《宪法与我》手机短信(生活中的宪法,50条)	50条	1000
《宪法与我》手机报(彩信版,漫画生活中的宪法,10条)	10条	1000
《宪法与我》手机微信(漫画生活中的宪法,10条)	10条	1000
“七五”普法·“宪法”单页挂图展板台日历系列		
《宪法》宣传单页(16开,铜版纸,双面彩印,5000起订)	16开	0.6
《宪法》宣传单页(电子版,16开,正背彩印,漫画故事)	16开	2000

《“宪法与我”宣传折页》（漫画故事 5 折 12 面彩印，5000 册起订）	5 折页	5000
《“宪法与我”宣传折页》（电子版，可自主印制署名，含若干漫画）	5 折页	5000
《宪法宣传挂图》（一套 6 张，铜版纸彩色印刷，100 套起订）	6 张	60
《宪法宣传挂图》（电子版，一套 6 张，可自主印刷署名）	6 张	6000
《宪法宣传展板》（易拉宝，含架，一套 6 块）	6 块	1200
《宪法宣传展板》（电子版，一套 6 张，可自主喷绘署名）	6 块	6000
宪法宣传年度桌历（大 32，13 张高档铜板彩印，500 册起订）	大 32	8
宪法宣传年度桌历(电子版，可自主印制署名，含若干漫画)	大 32	10000
宪法宣传年度周历（大 32，53 张高档铜板彩印，500 册起订）	大 32	20
宪法宣传年度周历(电子版，可自主印制署名，含若干漫画)	大 32	20000
宪法宣传年度年历（4 开 1 张，彩色高档印制，1000 册起订）	4 开	3
宪法宣传年度年历(电子版，可自主印刷署名)	4 开	5000
宪法宣传年度日历（365 页，手撕，72 开，5000 起订）	72 开	10
“七五”普法·“宪法”宣传办公和生活用品系列		
宪法宣传笔记本(皮革，精装，16 开，500 册起订)	16 开	20
宪法宣传笔记本(简装，2000 册起)	大 32	5
宪法宣传鼠标垫（常规，1000 个起订）	常规	3.5
宪法宣传纸杯（常规，2000 个起订）	常规	1
宪法宣传水写笔（常规，2000 支起订）	常规	3
宪法宣传书签（常规，10000 起订）	常规	0.5
宪法宣传茶具(普通青花瓷，1 套 7 件，即 1 壶 6 杯，现货)	7 件	160
宪法宣传茶具(优质骨瓷，1 套 11 件，现货)	11 件	360
宪法宣传茶杯（青花牡丹图）(高档优质骨瓷带盖、每箱 10 杯，现货)	10 杯	420
宪法宣传茶杯（墨竹图）(普通陶瓷带盖、每箱 10 杯，现货)	10 杯	190
宪法宣传笔筒(红瓷，1 个，现货)	1 个	198
宪法宣传扑克牌（72 开，高档印制，1000 起订）	72 开	5
宪法宣传扑克牌（漫画+条文，电子版，可自主署名）	72 开	10000
宪法宣传手提袋（无纺布，30cm×40cm×8cm，1000 个起订）	无纺布	3
宪法宣传围裙（防水布，长 80×宽 65cm，1000 个起订）	防水布	8
宪法宣传围裙(优质型/韩版，77×67×23cm，1000 个起)	常规	15
宪法宣传毛巾（常规，1000 个起订）	全棉	10
宪法宣传太阳伞（名牌杭州天堂伞、7-8 片，500 个起订）	7-8 片	28
宪法宣传晴雨伞(广告品牌伞、7 片-8 片、500 个起订)	7-8 片	20
宪法宣传太阳帽（常规，1000 个起订）	夏	10

银行汇款：开户名：中国民主法制出版社有限公司，账号：1100 1071 6000 5604 0867，开户行：建行北京市右安门支行（行号：1051 0000 9098）。**注：开发票时品名均为“图书”。**

分社地址：北京市海淀区北三环西路 32 号恒润国际大厦 711、901、911（邮编 100086）。

咨询电话：**400-659-2288**（多线，免长话费），传真：010-62167260、62151293。

网　　址：www.faxuan.net　或者　www.pfcx.cn　或者　www.Law124.com.cn 。